초등 저학년이 반드시 알아야 할
수학 개념과 사고력 향상 퍼즐까지!

개념 연결 초등 수학 개념 일력 365

기초편

김남준 지음 김석 그림

VIA에듀
ViaEducation

김남준 선생님

'누구나 수학을 잘할 수 있다'는 믿음으로 어린이를 위한 행복한 수학교실을 열고 학부모를 위한 수학클리닉, 교사를 위한 연수를 진행하는 등 수학교육의 대중화와 모두를 위한 수학적 성장을 지원하는 활동에 꾸준히 힘써 왔어요.

전국수학교사모임에서 다양한 연구 활동에 참여해 왔고, 현재 서울노일초등학교 수석교사로 재직하며 학생들과 함께 즐겁고 의미 있는 수학교실을 만들어 가고 있어요. 2018 대한민국수학교육상(교육부)을 수상했으며, 수학 교과서 개발과 집필에도 지속적으로 참여하고 있어요.

저서로는 어린이를 위한 『도형에 숨겨진 점과 선의 비밀』, 『이렇게 생긴 수학(공저)』, 『개념연결 초등수학 사전(공저)』, 『개념연결 초등수학 용어사전(공저)』 등이 있으며, 교사를 위한 『AI와 연계한 맞춤형 수업 설계의 이론과 실제(공저)』 등도 집필했어요.

개념영역 초등
수학 개념
일력 365

발행처 비아에듀 **지은이** 김남준 **발행인** 한상준
초판 1쇄 발행일 2025년 11월 14일
편집 김민정 손지원 최정휴 김영범 **삽화** 김석 **디자인** 문지현 김경희
마케팅·관리 이상민 양은진 주영상
주소 서울시 마포구 토정로 222 한국출판콘텐츠센터 211호
전화 02-334-6123 **홈페이지** viabook.kr

ⓒ **김남준, 2025**

- 비아에듀는 비아북의 교육전문 브랜드입니다.
- 이 책은 저작권법에 따라 보호받는 저작물이므로 무단 전재와 복제를 금합니다.
- 이 책 내용의 전부 또는 일부를 재사용하려면 반드시 저작권자와 발행처의 동의를 받아야 합니다.
- 잘못된 책은 구입처에서 바꿔드립니다.
- KC마크는 이 제품이 공통안전기준에 적합하였음을 의미합니다. (제조국: 대한민국)
- 책 모서리에 찍히거나 베이지 않게 조심하세요.
- 본문에 사용된 종이는 한국건설생활환경시험연구원에서 인증받은, 인체에 해가 되지 않는 무형광 종이입니다. 동일 두께 대비 가벼워 편안한 독서 환경을 제공합니다.

하루 습관으로 키우는 수학 실력
나도 할 수 있다는 수학 자신감!

수학은 정말 소중해요. 우리가 사는 세상은 온통 수학으로 이루어져 있어요. 수학이 없다면 세상은 곧바로 멈춰 버릴지도 몰라요. 수학이 우리 주변 어디 있는지 잘 모르겠다고요? 이 책과 함께 매일매일 우리의 일상 곳곳에 숨어 있는 수학을 발견해 보세요.

작은 습관 하나가 조금씩 나를 바꾸어 준답니다. 매일 한 장씩 수학을 만나는 것만으로도 수학과 친해지고 "나도 수학을 잘할 수 있어!"라는 자신감이 붙어요. 이 책은 여러분이 수학과 친해질 수 있도록 여러 장치로 구성되어 있어요. 개념, 수학 이야기, 사고력 퍼즐 등 다양하고 재미있는 내용으로 가득한 페이지를 매일 넘기다 보면, 어느새 수학의 개념과 활용을 자연스럽게 익힐 수 있어요. 날마다 수학과 만나는 습관도 길러지지요.

12월 31일 □+40=71

변화와 관계 ▶ 규칙 찾기

생활 속 규칙
우리 생활 속에서 규칙을 발견할 수 있을까?

시계   윷놀이   신호등   엘리베이터

학교나 집 어디에서도 시계를 보는 방법은 같아요. 친구들과 윷놀이를 할 때도 모두 같은 규칙을 따라요. 만약 시계를 보는 방법과 윷놀이의 규칙이 사람마다 다르다면 항상 새로운 규칙을 알아야 해서 정말 불편하겠지요. 길을 건널 때 신호등을 보거나 엘리베이터를 탈 때도 이미 알고 있는 규칙이 있어 편리하게 이용할 수 있어요.

개념연결 | 달력에서 수의 규칙 찾기

12월

일	월	화	수	목	금	토
1	2	3	4	5	6	7
8	9	10	11	12	13	14
15	16	17	18	19	20	21
22	23	24	25	26	27	28
29	30	31				

매일 보는 달력에는 어떤 규칙들이 있을까요?
- 같은 요일은 7일마다 반복돼요.
- → 방향으로 1씩 커지고, ↓ 방향으로 7씩 커져요.
- 사각형 안에 있는 4개의 날짜에서 대각선 방향에 있는 두 수의 합이 같아요. 11+19=12+18

한 줄 수학 달력에 있는 규칙을 알면 달력 없이도 다음 주나 다음 달의 날짜와 요일을 알아낼 수 있어요.

수학은 여러 개념이 서로 연결되어 있는 학문이에요. 이 책은 하루 한 장씩 수학 개념을 익히고, 배운 내용과 연결된 개념까지 함께 공부하는 효과를 얻을 수 있도록 설계했어요. 매일 꾸준히 수학과 놀다 보면 어느새 고학년까지도 걱정 없는 탄탄한 수학 실력이 쌓일 거예요. 365일의 노력이 모여 성장으로 연결되는 즐거움을 느껴 보세요.

이 책과 함께 키운 작은 습관과 호기심이 여러분을 정말 수학을 좋아하고 사랑하는 어린이로 만들어 주길 기대합니다.

김남준

12월 30일

90분=1시간 □분

변화와 관계 ▶ 규칙 찾기

가로, 세로
왼쪽에서 오른쪽 또는 위에서 아래로 난 방향이나 길이

가로는 왼쪽에서 오른쪽으로 나 있는 방향이나 길이,
세로는 위에서 아래쪽으로 난 방향이나 길이를 나타내는 말이에요.
물건을 놓는 방향에 따라 가로와 세로는 달라질 수 있어요.

개념연결 | 가로줄, 세로줄

×	4	5	6
2	8	10	
3	12		
4		20	24

세로줄 ⬇ 과 가로줄 ➡ 의 수가 만나는 칸에 두 수의 곱을 써서 곱셈표를 완성할 수 있어요.

한 줄 수학 방향을 나타내는 말을 알면 모양의 위치나 규칙을 설명할 때 편리해요.

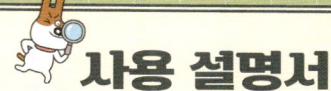

사용 설명서

만년 일력
언제든 시작할 수 있는 일력으로 수학 습관을 키워 봐요.

학습 내용
하루 한 장 재미난 질문과 그림으로 수학과 친해져요.

한 줄 수학
재미난 수학 이야기를 한 줄에 담았어요.

교과 연계
오늘 배운 내용이 교과서에서는 어디에 있는지 확인할 수 있어요.

개념연결
오늘 배운 내용과 연결되는 개념을 확인하고, 앞으로 배울 내용도 알 수 있어요.

수학 일력 7일 학습 플랜

4일은 '개념'을 학습하고, **1일**은 '수학 이야기'로 호기심을 자극하고,
2일은 '사고력 퍼즐'로 창의력과 문제해결능력을 키워요!

개념				수학 이야기	사고력 퍼즐	
1일	2일	3일	4일	5일	6일	7일

12월 29일

2년 5개월 = □개월

변화와 관계 ▸ 규칙 찾기

곱셈표에서 규칙 찾기

곱셈표에는 어떤 규칙이 있을까?

X	1	2	3	4	5	6	7	8	9
1	1	2	3	4	5	6	7	8	9
2	2	4	6	8	10	12	14	16	18
3	3	6	9	12	15	18	21	24	27
4	4	8	12	16	20	24	28	32	36
5	5	10	15	20	25	30	35	40	45
6	6	12	18	24	30	36	42	48	54
7	7	14	21	28	35	42	49	56	63
8	8	16	24	32	40	48	56	64	72
9	9	18	27	36	45	54	63	72	81

- ■으로 칠해진 수는 오른쪽으로 갈수록 6씩 커지는 규칙이 있어요.
- ■으로 칠해진 수는 아래쪽으로 갈수록 5씩 커지는 규칙이 있어요.
- 2단, 4단, 6단, 8단 곱셈구구에 있는 수는 모두 짝수예요.

개념연결 | 나만의 곱셈표 만들기

X	1	3	5	7	9
1	1	3	5	7	9
3	3	6	15	21	
5	5	15	25		

곱셈표의 가로와 세로에 각자 규칙을 정하여 수를 쓰고 두 수를 곱하면 나만의 곱셈표를 만들 수 있어요. 이렇게 완성된 곱셈표에는 어떤 새로운 규칙이 있는지 한번 찾아보세요.

한 줄 수학 곱셈표는 곱셈을 익히는 데 도움이 돼요.

1월

12월 28일

4주=□일

수학 체험
생활에서 수학을 체험해 볼까?

수학은 우리 주변 곳곳에 있어요. 주변에서 수학을 찾아보고
수학이 어느 곳에 어떻게 이용되는지 살펴보아요.

- 하루, 1주일 동안 먹은 쌀의 양
- 집에서 찾을 수 있는 도형
- 냉장고 문을 연 횟수
- 수학 일기 쓰기

- 집에서 학교까지 걸음 수
- 오늘 배운 수학 내용 정리해 보기
- 친구의 수학 공부 도와주기
- 도서실에서 수학책 읽기

- 마트, 세탁소 등 가까운 곳까지의 걸음 수
- 거리에서 볼 수 있는 여러 가지 모양
- 신호등이 있는 길을 건너는 시간

- 수학체험관 찾아가기
- 도서관에서 수학책 찾아보기
- 주변에 열리는 수학 행사 알아보기

한 줄 수학 조금만 관심을 가지고 살펴보면 온통 수학으로 가득한 세상을 발견하게 될 거예요.

1월 1일

4-3=□

수와 연산 ▶ 9까지의 수

1
자연수 중에서 가장 작은 수

나무 한 그루, 염소 한 마리, 바위 한 개가 있어요.
각각의 개수는 숫자 **1**을 써서 나타낼 수 있어요.

1은 하나, 둘, 셋, …… 수를 세는 자연수 중에서 가장 작은 수예요. 순서를 나타낼 때는 첫째, 둘째, 셋째, ……라고 해요.

개념연결 1, 2, 3, 4, 5, ……

1보다 1만큼 더 큰 수는 2이고, 2보다 1만큼 더 큰 수는 3이에요. 이처럼 1에서 시작하여 1만큼씩 더 커지는 수 1, 2, 3, 4, 5, ……를 자연수라고 해요.

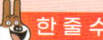 한 줄 수학   1, 2, 3, …… 과 같이 1에서 시작하여 1씩 커지는 수를 자연수라고 해요.

12월 27일

8+9+10=□

변화와 관계 ▶ 규칙 찾기

덧셈표에서 규칙 찾기

덧셈표에는 어떤 규칙이 있을까?

+	1	2	3	4	5	6	7	8	9
1	2	3	4	5	6	7	8	9	10
2	3	4	5	6	7	8	9	10	11
3	4	5	6	7	8	9	10	11	12
4	5	6	7	8	9	10	11	12	13
5	6	7	8	9	10	11	12	13	14
6	7	8	9	10	11	12	13	14	15
7	8	9	10	11	12	13	14	15	16
8	9	10	11	12	13	14	15	16	17
9	10	11	12	13	14	15	16	17	18

- ▇ 으로 칠해진 수는 오른쪽으로 갈수록 1씩 커지는 규칙이 있어요.
- ▇ 으로 칠해진 수는 아래쪽으로 갈수록 1씩 커지는 규칙이 있어요.
- ↘ 방향으로 갈수록 2씩 커지는 규칙이 있어요.
- ↙ 방향은 모두 같은 수로 되어 있는 규칙이 있어요.

개념연결 | 나만의 덧셈표 만들기

+	2	4	6	8
3	5			
4	6	8		
5				

덧셈표의 가로와 세로에 각자 규칙을 정하여 수를 쓰고 두 수를 더하면 나만의 덧셈표를 만들 수 있어요. 이렇게 완성된 덧셈표에는 어떤 새로운 규칙이 있는지 한번 찾아보세요.

한 줄 수학 덧셈표는 덧셈구구의 규칙을 이해하고 덧셈과 뺄셈을 하는 데 도움이 돼요.

1월 2일

1+□=3

수와 연산 ▶ 9까지의 수

1, 2, 3, 4, 5
5까지의 수는 어떻게 쓰고 읽을까?

	수	쓰기	읽기
	●	1	하나(한), 일
	●●	2	둘(두), 이
			셋(세), 삼
			넷(네), 사
		5	다섯, 오

개념연결 생활에서 수 읽기

하나(1) → 사과 **한** 개   둘(2) → 어린이 **두** 명   셋(3) → 자동차 **세** 대
넷(4) → 강아지 **네** 마리   다섯(5) → 동화책 **다섯** 권

 한 줄 수학   하나 → 한, 둘 → 두, 셋 → 세, 넷 → 네

12월 26일

5+6+7+8=□

변화와 관계 ▶ 규칙 찾기

쌓은 모양에서 규칙 찾기

쌓기나무로 쌓은 모양에는 어떤 규칙이 있을까?

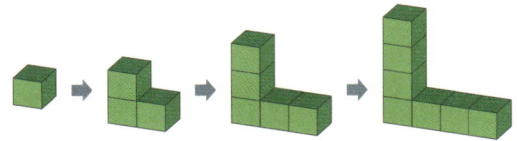

쌓기나무로 쌓은 모양에서 규칙을 찾을 때는 쌓은 모양이 어떻게 달라지는지 잘 관찰해야 해요. 위 모양에서는 쌓기나무가 ↑ 방향과 → 방향으로 각각 1개씩 늘어나요.

🟥를 기준으로 규칙을 찾을 수 있어요. 빨간색 쌓기나무를 기준으로 왼쪽, 위, 오른쪽으로 번갈아 가며 쌓기나무가 놓여 있어요.

개념연결 쌓은 모양에서 규칙 발견하기

- 쌓기나무가 오른쪽으로 2층, 3층으로 놓여 있어요.
- 쌓기나무의 개수가 1, 1+2, 1+2+3으로 늘어나고 있어요.
- 넷째에 오는 모양의 쌓기나무 개수는 1+2+3+4=10(개)이에요.

한 줄 수학 쌓기나무: 수를 세거나 모양을 탐구할 수 있도록 나무토막으로 만든 수학 교구

1월 3일

1+2=□

수와 연산 ▶ 9까지의 수

6, 7, 8, 9
6에서 9까지의 수는 어떻게 쓰고 읽을까?

	수	쓰기	읽기
🍎🍎🍎🍎🍎🍎	●●●●● ●	6	여섯, 육
🍎🍎🍎🍎🍎🍎🍎	●●●●● ●●	7	일곱, 칠
🍎🍎🍎🍎🍎🍎🍎🍎	●●●●● ●●●	8	여덟, 팔
🍎🍎🍎🍎🍎🍎🍎🍎🍎	●●●●● ●●●●	9	아홉, 구

개념연결  수의 순서

🐰 한 줄 수학 6(여섯, 육), 7(일곱, 칠), 8(여덟, 팔), 9(아홉, 구)

12월 25일 성탄절: 12월 □일

변화와 관계 ▶ 규칙 찾기

주변에서 무늬 찾기

규칙적인 무늬는 어디에서 찾을 수 있을까?

보도블록

리본

담벼락

접시

포장지

규칙적인 무늬는 우리 주변 곳곳에서 찾아볼 수 있어요.
길거리의 보도블록, 궁궐이나 절의 담벼락, 자주 사용하는 포장지 등
주변 곳곳에 규칙적인 무늬가 있어요.

개념연결 규칙적인 무늬

규칙적인 무늬는 일정한 모양이 반복되어 나타나는 것을 말해요. 얼핏 보아서는 보이지 않던 규칙도 잘 관찰하면 찾을 수 있어요. 왼쪽 그림에는 보도블록이 가로 방향으로 벽돌 2장씩 돌아가며 놓인 규칙이 있어요.

🐰 **한 줄 수학** 규칙적인 무늬를 사용하여 물건을 꾸미면 안정적이고 편안한 느낌을 줄 수 있어요.

수를 나타내는 방법

수는 어떻게 나타낼 수 있을까?

2 - □ - 6 - 8 - 10

수와 연산 ▶ 9까지의 수

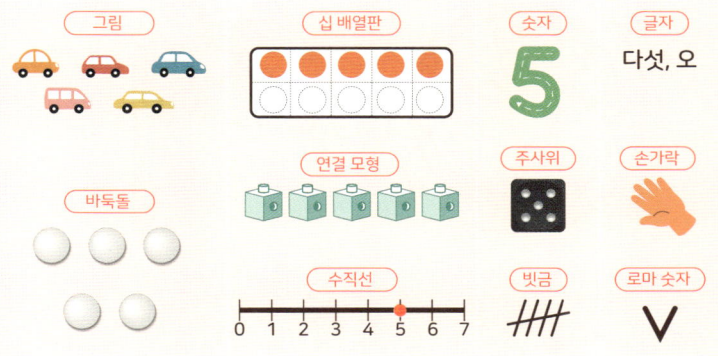

모두 5를 나타내는 방법이에요.

수는 그림, 기호, 숫자, 글자 등 여러 가지 방법으로 나타낼 수 있어요.

개념연결 | 수의 표현

보통은 숫자를 써서 수를 나타내지만 때로는 숫자 대신 기호, 그림, 물건 등을 써서 수를 나타내기도 해요. 일상생활에서 수를 나타내는 방법을 생각해 보면 쉽게 떠올릴 수 있어요.

한 줄 수학 수는 바둑돌, 수직선, 숫자 등 다양한 방법으로 나타낼 수 있어요.

시계 방향

시곗바늘이 돌아가는 방향과 같은 방향

수도꼭지를 시계 방향으로 돌려 물을 잠글 수 있어요.

시계의 긴바늘과 짧은바늘은 한쪽 방향으로 회전하며 빙글빙글 돌고 있어요. 이처럼 시곗바늘이 돌아가며 움직이는 방향을 **시계 방향**이라고 해요.

개념연결 | 시계 반대 방향

시계의 바늘이 돌아가는 방향과 반대되는 방향을 시계 반대 방향 또는 반시계 방향이라고 해요. 잠겨 있는 수도꼭지를 시계 반대 방향으로 돌려 물이 나오게 할 수 있어요.

한 줄 수학 시곗바늘이 움직이는 방향을 시계 방향이라고 해요.

1월 5일 ①④

오일러
한붓그리기와 다리 건너기

다리를 한 번씩만 지나 모든 다리를 건널 수 있을까?

옛날 어느 마을에 강과 강을 건널 수 있는 일곱 개의 다리가 있었어요. 1736년 스위스의 수학자 오일러가 이 마을에 방문하자, 마을 사람들은 오일러에게 모든 다리를 한 번만 지나면서 산책할 수 있는 방법이 있는지 물었어요.

오일러는 직접 다리를 건너는 대신 마을과 다리를 종이 위에 점과 선으로 그려 보고, 모든 다리를 한 번에 건너는 것이 불가능하다는 것을 알아냈어요.

오일러의 방법처럼 연필을 종이 위에서 한 번도 떼지 않고 도형의 모든 선을 한 번만 지나는 것을 <mark>한붓그리기</mark>라고 해요.

이처럼 위대한 발견을 했던 오일러는 큰 어려움을 겪기도 했어요. 병 때문에 눈이 매우 나빠져 나중에는 전혀 볼 수 없게 되었거든요. 하지만 오일러는 포기하지 않고 오히려 눈이 잘 보일 때보다 더 열심히 연구하여 많은 업적과 책을 남겼어요.

한 줄 수학 선: 두 점을 이은 폭이 없는 도형

12월 23일

밤 11시=□시

모양 찾기

생활에서 □, △, ○ 모양을 찾아볼까?

□, △, ○ 모양과 같이 평평한 면 위에 있는 도형을 **평면도형**이라고 해요.
□, △, ○ 모양은 평면에서 크기를 차지해요. 이처럼 어떤 모양이 평면에서 차지하는 크기를 **넓이**라고 해요. 생활에서 □, △, ○ 모양을 찾아보세요.

□ 모양

△ 모양

○ 모양

개념연결 교통안전 표지판

도로에는 길을 안내하거나 정보를 주는 교통안전 표지판이 있어요. 표지판은 주로 □, △, ○ 모양에 빨간색, 노란색, 파란색을 써서 여러 가지 정보를 나타내요.

한 줄 수학 □ 모양은 네모 또는 사각형, △ 모양은 세모 또는 삼각형, ○ 모양은 동그라미 또는 원이라고 불러요.

1월 6일

여섯, 육 → □

미로 탈출
알쏭달쏭 미로를 탈출해 볼까?

미로는 출발점에서 시작하여 도착점까지 길을 찾아가는 퍼즐이에요. 미로 속에서 길을 찾아가다 보면 막힌 길도 있고 다시 빠져나오기 어려운 길도 있어요. 알쏭달쏭 미로 탈출에 도전해 보세요.

한 줄 수학 미로: 매우 복잡하여 한번 들어가면 빠져나오기 어려운 길

크리스마스 수학

그림이 나타내는 수를 계산해 볼까?

그림이 나타내는 수가 다음과 같을 때 □ 안에 알맞은 수를 써넣으세요.

산타 = 8, 트리 = 5, 사슴 = 2, 썰매 = 9, 눈사람 = 12

① 산타 + 트리 = □
② 눈사람 − 산타 = □
③ 사슴 + 썰매 = □
④ 눈사람 − 트리 = □
⑤ 트리 + 사슴 + 산타 = □
⑥ 트리 + 썰매 − 사슴 = □

정답 ① 13 ② 4 ③ 11 ④ 7 ⑤ 15 ⑥ 12

1월 7일

6보다 1만큼 더 큰 수: □

한붓그리기
연필을 떼지 않고 한 번에 그릴 수 있을까?

종이에서 연필을 떼지 않고 모든 선을 한 번만 지나서
그림을 완성하는 것을 **한붓그리기**라고 해요.

한붓그리기로 그림을 완성해 보세요.

 한 줄 수학   오른쪽 그림처럼 한붓그리기가 불가능한 것도 있어요.

12월 21일

3×7=□

모양 찾기
생활에서 입체도형을 찾아볼까?

■, ■, ●, ▲과 같이 크기(부피)를 갖고 있는 도형을 **입체도형**이라고 해요.
입체도형은 평평한 면이나 굽은 면으로 둘러싸여 있어요.
생활에서 여러 가지 입체도형을 찾아보세요.

한 줄 수학 부피: 어떤 물건이 공간을 차지하는 크기

수와 연산 ▶ 9까지의 수

사과 3개
사과 세 개? 사과 삼 개? 뭐가 맞을까?

수를 읽을 때는 사과의 개수나 건물의 층수 등 읽는 대상에 따라 읽는 방법이 달라져요. 사과는 일 개, 이 개, 삼 개가 아니라 한 개, 두 개, 세 개로 읽어요. 층수는 세 층이 아니라 삼 층으로 읽는답니다.

개념연결 나이와 날짜 말하기

"나는 7살, 내 생일은 5월 9일이야."에서 숫자를 어떻게 읽어야 할까요? 보통 숫자 뒤에 순우리말이 오면 수를 하나, 둘, 셋, ······으로 읽고, 숫자 뒤에 한자어가 오면 일, 이, 삼, ······으로 읽어요.
→ "나는 일곱 살, 내 생일은 오월 구일이야."

한 줄 수학 같은 수라도 수의 쓰임에 따라 읽는 방법이 달라져요. 사과 3(세)개, 아파트 3(삼)층

12월 20일

80분=1시간 □분

변화와 관계 ▸ 규칙 찾기

무늬에서 규칙 찾기

무늬에는 어떤 규칙이 있을까?

- 가로 방향으로 🔴, 🟡, 🔵이 반복되는 규칙이 있어요.
- ↓ 또는 ↘ 방향으로 3가지 색깔이 한 번씩 나와요.
- ↙ 방향으로는 한 가지 색깔만 있어요.

건축물, 벽지, 바닥 등 우리 주변에서 볼 수 있는 무늬에서 규칙을 찾을 수 있어요. 규칙은 어떤 수나 모양, 기호 등이 일정한 조건에 따라 반복되어 나타나는 것을 말해요.

개념연결 규칙적인 무늬

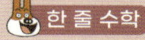

왼쪽 무늬에는 △, □, ○가 반복되어 나타나는 규칙이 있어요. 또 → 방향으로 파란색과 초록색이 반복되는 규칙이 있고, ↓ 방향으로는 한 가지 색깔만 나타난다는 규칙이 있어요.

한 줄 수학 수, 모양, 기호 등이 일정한 조건에 따라 배열되거나 어떤 조건을 만족할 때 규칙이 있다고 해요.

아홉, 구 → □

수와 연산 ▶ 9까지의 수

몇
얼마만큼의 수를 막연하게 이르는 말

그리 많지 않은 수를 말할 때 몇 명, 몇 개, 몇째, 몇 배와 같이 뒤에 오는 단위와 붙여서 사용해요.
"사과 3개에 사과 5개를 더하면 몇 개일까?", "모인 사람이 모두 몇 명이지?"와 같이 물건이나 사람의 수를 물을 때도 '몇'을 사용해요.

개념연결 몇십몇

26, 53과 같은 두 자리의 수를 말할 때 '몇십몇'이라고 해요. 이때 몇십은 10, 20, 30, ……, 90을, 몇은 1, 2, 3, ……, 9를 나타내요.

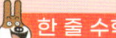 한 줄 수학   날짜를 물을 때는 "오늘 며칠이지?"라고 해요. '몇 일'은 없는 말이에요.

12월 19일

40-21=□

자료와 가능성 ▶ 표와 그래프

표와 그래프

표와 그래프를 보고 무엇을 알 수 있을까?

표 학생들이 좋아하는 간식

간식	학생 수(명)
김밥	4
라면	2
과자	1
떡볶이	3
합계	10

그래프 학생들이 좋아하는 간식

간식 \ 학생 수(명)	1	2	3	4
김밥	☆	☆	☆	☆
라면	☆	☆		
과자	☆			
떡볶이	☆	☆	☆	

표는 자료의 종류별 수나 전체 수를 알기 쉽고,
많은 내용을 한눈에 보기 편리해요.
그래프는 그림이나 기호로 되어 있어 한눈에 보기 쉽고,
어떤 것이 많고 적은지 바로 비교할 수 있어요.

개념연결 표와 그래프

표을 보면 종류별 자료의 수와 전체 자료의 수를 쉽게 알 수 있어요. 그래프는 종류별 자료의 수를 한눈에 알아보기 좋고 조사한 자료의 내용을 비교하기 편리해요.

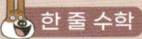 **한 줄 수학** 표와 그래프는 각각 편리한 점과 불편한 점이 서로 달라요. 자료의 쓰임에 따라 표나 그래프를 선택하여 사용하면 돼요.

1월 10일

9보다 1만큼 더 큰 수: □

수와 연산 ▶ 9까지의 수

몇째

순서대로 놓인 차례에서 위치를 물을 때

일정한 기준에 따라 순서대로 놓인 것의 차례에서
위치가 어딘지 물을 때, '몇째'라는 말을 써요.
순서를 나타낼 때는 첫째, 둘째, 셋째, ……라고 해요.

개념연결 몇 층

'건물은 몇 층일까?', '식당은 몇 층에 있을까?'와 같이 건물의 층수나 위치를 나타낼 때 '몇 층'이라고 해요. 건물에서 가고 싶은 장소를 찾을 때 몇 층인지 알아야 해요.

 한 줄 수학 수의 순서를 나타내는 말: 첫째, 둘째, 셋째, ……

12월 18일

6×3=□

자료와 가능성 ▶ 표와 그래프

그래프

자료를 그래프로 나타내는 방법은 무엇일까?

우리 반 학생들이 좋아하는 전통놀이

6		○		
5		○		○
4	○	○		○
3	○	○	○	○
2	○	○	○	○
1	○	○	○	○
학생 수(명) / 전통놀이	비사치기	제기차기	투호놀이	연날리기

그래프는 다음과 같은 방법으로 나타낼 수 있어요.
① 그래프의 가로와 세로에 무엇을 나타낼지 정해요.
② 자료의 수만큼 아래에서 위로 ○를 한 칸씩 빠짐없이 채워요.
③ 무엇을 조사한 것인지 그래프의 제목을 써요.

개념연결 그래프를 보고 표로 나타내기

우리 반 학생들이 좋아하는 전통놀이

전통놀이	비사치기	제기차기	투호 놀이	연날리기	합계
학생 수(명)	4	6	3	5	18

그래프를 보고 표로 정리하여 나타낼 수 있어요. 쓰임에 따라 그래프보다 표가 더 편리할 때도 있어요.

한 줄 수학 그래프의 칸을 채울 때는 아래 칸부터 차례로 채워야 해요

1월 11일

열하나 → □

수와 연산 ▸ 9까지의 수

0과 9까지의 수
수는 어떻게 읽고 쓸까?

1 하나, 일	2 둘, 이	3 셋, 삼	4 넷, 사	5 다섯, 오
6 여섯, 육	7 일곱, 칠	8 여덟, 팔	9 아홉, 구	0 영, 영

물건의 수를 하나, 둘, 셋, …… 또는 일, 이, 삼, ……으로 셀 수 있어요.
아무것도 없는 것을 수로 나타낼 때 0을 사용하고, '영'이라고 읽어요.

개념연결 | 숫자 7을 쓰는 방법

7 우리나라 7 미국 7 유럽

숫자 7을 쓰는 방법이 다른 나라도 있어요. 유럽에서는 1과 헷갈리지 않게 7과 같이 가운데에 선을 긋고, 우리나라는 ㄱ(기역)과 구분하기 위해 7과 같이 앞에 선을 그어요.

한 줄 수학 숫자: 수를 나타내기 위해 사용하는 기호(예: 인도-아라비아 숫자)

12월 17일

□+50=67

자료와 가능성 ▶ 표와 그래프

그래프로 나타내기
자료를 그래프로 어떻게 나타낼까?

조사할 자료

표
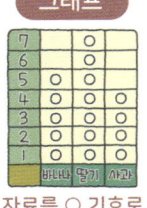
자료를 수로 나타낸다.

그래프
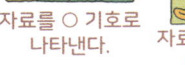
자료를 ○ 기호로 나타낸다.

그래프

자료를 그림으로 나타낸다.

자료를 조사하여 표나 그래프로 나타낼 수 있어요.
그래프에서는 ○, ×, / 등의 기호를 사용하는데,
기호 대신 그림으로 나타내기도 해요.

개념연결 | 그림으로 나타낸 그래프

학생들이 좋아하는 동물	강아지	고양이	토끼
	🐶🐶🐶🐶	🐱🐱	🐰🐰🐰🐰🐰🐰

자료를 분류하여 그래프로 나타낼 때 기호로 나타내면 그래프를 간편하게 그릴 수 있어 편리하지만, 그림으로 나타내면 무엇을 조사했는지 그림만 보고 바로 알 수 있다는 장점이 있어요. 그래프의 사용 목적에 따라 그림을 그려 나타내는 특별한 그래프도 있어요.

한 줄 수학 그래프의 칸을 채울 때는 아래 칸부터 채워야 해요

피타고라스

세상 모든 것은 수로 이루어져 있다

고대 그리스의 수학자이자 철학자예요. 피타고라스는 이 세상의 모든 것은 '수'로 이루어졌다고 생각하고, 삼각수, 사각수, 완전수 등 수와 관련된 여러 가지 규칙들을 발견했어요.

삼각수 자연수의 합을 이용하여 삼각형으로 나타낸 수

1   1+2 = 3   1+2+3 = 6   1+2+3+4 = 10

사각수 홀수의 합을 이용하여 사각형으로 나타낸 수

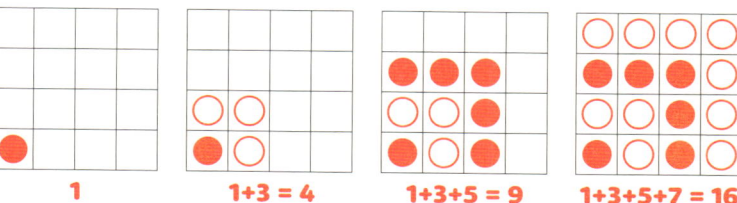

1   1+3 = 4   1+3+5 = 9   1+3+5+7 = 16

한 줄 수학 피타고라스는 자연수의 합을 이용하여 세모 모양의 삼각수를, 홀수의 합을 이용하여 네모 모양의 사각수를 생각해 냈어요.

12월 16일

4×4=□

산타와 루돌프
그림이 나타내는 수를 알아볼까?

🎅, 🎄, 🦌 은 각각 어떤 수를 나타내요.
다음 식을 보고 □ 안에 알맞은 수를 써넣으세요.

🎄 + 🎄 = 10

🦌 − 🎄 = 3

🎅 + 🎄 + 🦌 = 17

🎄 = □   🦌 = □   🎅 = □

정답: 🎄 = 5, 🦌 = 8, 🎅 = 4

1월

13일

열셋 → □

한붓그리기
연필을 떼지 않고 한 번에 그릴 수 있을까?

한붓그리기가 가능한 도형을 모두 찾아보세요.

가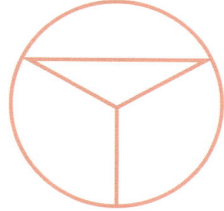

나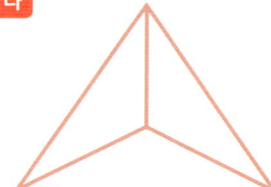

다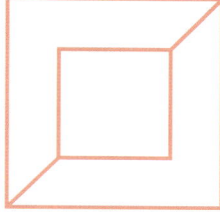

라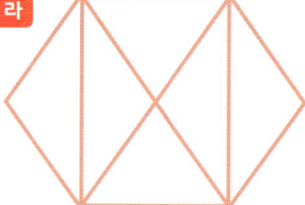

정답: 가, 라

12월 15일

5×3=□

둘씩 모으기
둘씩 짝을 지어 찾아볼까?

둘씩 짝을 지었을 때 남는 것이 있는 물건을 모두 찾아보세요.

가　나　다　라　마　바　사　아　자　차

정답: 다, 사, 자

1월 14일

12 - 13 - □ - 15 - 16

한붓그리기

연필을 떼지 않고 한 번에 그릴 수 있을까?

한붓그리기를 할 수 있는 도형이 있어요.
연필을 떼지 않고 모든 선을 한 번만 지나게 그려 보세요.

12월 14일

20-□=6

주사위 곱셈구구 놀이
십면체 주사위로 구구단 연습을 해 볼까?

0부터 9까지 10개의 숫자가 있는 십면체 주사위로 곱셈구구 놀이를 해 볼까요? 한 사람이 주사위를 던져 나온 수로 곱셈을 말하면 다른 사람이 두 수의 곱을 말해요.

8 × 7 = 56

두 사람이 번갈아 곱셈 문제를 내고 답을 해요.

개념연결 곱셈표

X	1	2	3	4	5	6	7	8	9
1	1	2	3	4	5	6	7	8	9
2	2	4	6	8	10	12	14	16	18
3	3	6	9	12	15	18	21	24	27
4	4	8	12	16	20	24	28	32	36
5	5	10	15	20	25	30	35	40	45
6	6	12	18	24	30	36	42	48	54
7	7	14	21	28	35	42	49	56	63
8	8	16	24	32	40	48	56	64	72
9	9	18	27	36	45	54	63	72	81

곱셈 결과를 표로 나타낸 것을 곱셈표라고 해요. 곱셈구구를 곱셈표로 나타내면 곱셈구구를 한눈에 볼 수 있어요. 또 곱셈표에서 여러 가지 규칙도 찾을 수 있어요.

한 줄 수학 곱셈구구: 1부터 9까지의 수를 둘씩 곱하여 나타낸 식

1월 15일

열다섯 → □

수와 연산 ▸ 9까지의 수

0
아무것도 없음을 나타내는 수

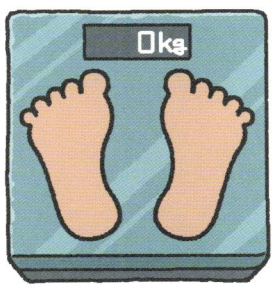

0은 아무것도 없음을 나타내는 수예요.
또 0은 30, 100에서와 같이 수의 자리가
비어 있음을 나타내기도 해요.
0은 기준이 되는 수예요. 몸무게를 재기 전
저울의 수는 0이고, 계산기를 켜면 0으로
표시되어 있어요.

2 1 0 0 쓰기

아무것도 없는 것을 **0**이라 쓰고 **영**이라고 읽습니다.

개념연결 0과 수직선

곧은 선 위에 일정한 간격으로 눈금을 그어 수를 나타낸 직선을 수직선이라고 해요. 수직선에서 기준이 되는 수가 0이에요. 0에서 오른쪽으로 1씩 커져요.

한 줄 수학 0은 길이를 재는 자, 무게를 재는 저울의 기준으로도 쓰여요.

12월 13일

7+9-3=□

자료와 가능성 ▸ 표와 그래프

그래프

그래프에 분류한 자료를 어떻게 표시할까?

우리 반 친구들이 좋아하는 아이스크림 맛

아이스크림 맛	학생 수(명)
🍫 초콜릿	7
🍦 바닐라	4
🍓 딸기	9

10			
9			○
8			○
7	○		○
6	○		○
5	○		○
4	○	○	○
3	○	○	○
2	○	○	○
1	○	○	○
학생 수(명) \ 맛	초콜릿	바닐라	딸기

표로 나타낸 자료를 그래프로 나타낼 수 있어요. 그래프는 조사한 자료를 정리하여 한눈에 알아볼 수 있게 만든 그림이에요. 자료를 그래프로 나타낼 때 분류한 자료의 수만큼 ○, ×, / 등의 기호를 사용하여 표시해요.

개념연결 자료를 분류하여 표로 나타내기

딸기 맛 아이스크림을 가장 좋아하는구나!

조사한 자료를 그래프로 나타내면 표로 나타냈을 때보다 자료의 내용을 한눈에 알아보기 쉬워요.

한 줄 수학 그래프: 조사한 자료를 정리하여 한눈에 알아볼 수 있도록 나타낸 그림

1월 16일

10+6=□

수와 연산 ▶ 9까지의 수

수의 순서
순서를 나타낼 때 쓰는 말은 무엇일까?

순서를 나타낼 때 앞에서부터
첫째, 둘째, 셋째, ……와 같은 말을 써요.

개념연결 | 기준을 넣어 순서 말하기

순서는 보통 앞을 기준으로 몇째에 있는지 나타내지만, 기준을 넣어 순서를 나타낼 수도 있어요. 그림과 같이 내 작품이 어디에 있는지 설명할 때 왼쪽에서 첫째, 오른쪽에서 셋째와 같이 기준을 넣어 말해요.

한 줄 수학 순서수: 첫째, 둘째, 셋째, ……와 같이 수의 순서를 나타내는 말

12월 12일

자정: 밤 □시

자료와 가능성 ▶ 표와 그래프

표로 정리하기

조사한 자료를 왜 표로 나타내는 걸까?

우리 반 친구들이 좋아하는 아이스크림 맛

초콜릿	초콜릿	바닐라	딸기	바닐라
딸기	초콜릿	딸기	딸기	초콜릿
딸기	딸기	바닐라	초콜릿	딸기
초콜릿	초콜릿	딸기	바닐라	딸기

우리 반 친구들이 좋아하는 아이스크림 맛을 조사했어요. 초콜릿 맛, 바닐라 맛, 딸기 맛 중 어떤 맛이 인기가 많은지 한눈에 알아보기 어려워요. 이럴 땐 조사한 자료를 분류하여 표로 정리하면 한눈에 알아보기 쉬워져요.

개념연결 | 자료를 분류하여 표로 나타내기

우리 반 친구들이 좋아하는 아이스크림 맛

아이스크림 맛	🍫 초콜릿	🍦 바닐라	🍨 딸기
학생 수(명)	彡ℐℐ	ℐℐℐ	彡ℐℐℐ

조사한 자료를 아이스크림 맛으로 분류하고 彡 기호를 써서 표로 나타냈어요. 표로 정리하면 어떤 맛이 가장 인기 있는지, 그 아이스크림을 좋아하는 친구는 몇 명인지 등 여러 가지 정보를 쉽게 알아볼 수 있어요.

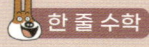 **한 줄 수학** 자료를 정리할 때 빠뜨리거나 겹치지 않도록 이미 센 것은 ○, ×, / 등 여러 가지 기호로 표시할 수 있어요.

1월 17일

수와 연산 ▶ 9까지의 수

1만큼 더 큰 수

1만큼 더 큰 수와 1만큼 더 작은 수는 어떻게 구할까?

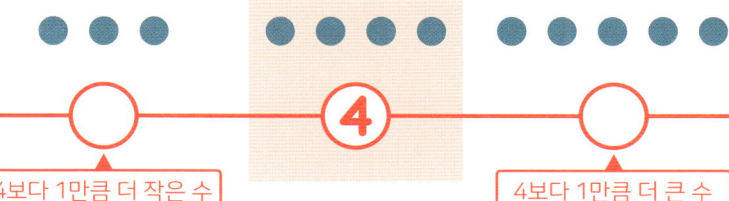

4보다 1만큼 더 작은 수 | 4 | 4보다 1만큼 더 큰 수

어떤 수를 기준으로 1만큼 더 큰 수와 1만큼 더 작은 수를 찾을 수 있어요.
4보다 1만큼 더 작은 수는 3이고, 4보다 1만큼 더 큰 수는 5예요.

개념연결 | 9보다 1만큼 더 큰 수

9보다 1만큼 더 큰 수는 10이야.

9보다 1만큼 더 큰 수는 10이에요. 9는 한 자리 수 중에서 가장 큰 수이고, 10은 두 자리 수 중에서 가장 작은 수예요.

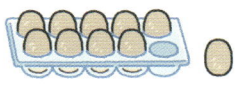 한 줄 수학 | 6-7-8에서 8은 7보다 1만큼 더 큰 수이고, 6은 7보다 1만큼 더 작은 수예요.

12월 11일

9m+2m=□m

자료와 가능성 ▸ 표와 그래프

자료
연구나 조사를 위해 수집해 놓은 것

우리 반 학생들이 좋아하는 운동

운동	달리기	줄넘기	태권도	수영	기타
학생 수(명)	6	4	3	5	3

우리 반 학생들이 좋아하는 운동을 조사하여 표로 나타냈어요.
어떤 연구나 조사를 위해 사람들이 좋아하는 놀이, 운동, 음식,
장래 희망 등을 수집해 놓은 것을 자료라고 해요.

개념연결 | 자료 조사 방법

자료 조사 방법에는 여러 가지가 있어요. 사람들에게 직접 물어보거나 마음에 드는 곳에 스티커를 붙여 달라고 부탁할 수 있어요.

🍙 한 줄 수학 | 조사를 시작하기 전에 무엇을 알아볼지, 그리고 어떤 방법으로 자료를 모을지 먼저 계획해야 해요.

1월 18일

열여덟 → ☐

수와 연산 ▶ 9까지의 수

한 장, 하나 장?
수는 어떻게 세고 읽을까?

1	2	3	4	5	6	7	8	9	10
일	이	삼	사	오	육	칠	팔	구	십
하나 (한)	둘 (두)	셋 (세)	넷 (네)	다섯	여섯	일곱	여덟	아홉	열

생활에서 지우개의 개수를 셀 때는 한 개, 두 개와 같이 세고, 건물의 층수를 셀 때는 일 층, 이 층과 같이 나타내요. 또 순서를 나타낼 때는 첫째, 둘째, 셋째와 같이 읽어요.

개념연결 단위를 붙여 수 읽기

물건의 개수를 셀 때는 하나, 둘, 셋, 넷, ······으로 수를 세어 읽기도 하지만, 단위를 붙여 수를 셀 때는 한 장, 두 장, 세 장, 네 장, ······으로 수를 읽어요.

 한 줄 수학 수를 쓰거나 읽을 때는 수의 쓰임에 따라 읽는 방법도 달라져요.

12월 10일

1000이 □개 → 1000

도형과 측정 ▸ 시각과 시간

달력

1년 동안의 날짜, 요일을 한 달 단위로 적어 놓은 것

달력에는 1년 동안의 날짜, 요일, 기념일 등이 한 달씩 나누어 일주일 단위로 정리되어 있어요. 달력을 보면 오늘이 몇 월 며칠이고, 무슨 요일인지 알 수 있어요.

1주일 = 7일

1년 = 12개월

개념연결 무슨 달이 며칠까지 있을까?

1월, 3월, 5월, 7월, 8월, 10월, 12월은 31일에 끝나고, 4월, 6월, 9월, 11월은 30일에 끝나요. 또 2월은 28일이나 29일까지 있어요. 주먹을 쥐어 손등의 튀어나온 부분과 들어간 부분을 1월, 2월, 3월, …… 로 세어 31일인 달과 30일인 달을 구분할 수 있어요.

한 줄 수학 1년은 365일 또는 366일이에요. 1년이 366일인 해에는 2월이 29일까지 있어요.

1월 19일 20보다 1만큼 더 작은 수: □

파스칼
숫자 삼각형에서 새로운 규칙을 발견한 수학자

수학자 파스칼은 "게임을 하다가 그 게임이 중단되었을 때 상금을 어떻게 나누는 것이 가장 공평한가?"에 대한 문제를 연구하다가 파스칼 삼각형을 발견했어요. 파스칼 삼각형은 첫째 줄에 1을 쓰고, 다음 줄에 바로 위의 두 숫자를 더한 수를 쓰는 방법으로 만든 삼각형이에요. 파스칼 삼각형에서 여러 신기한 규칙들을 발견할 수 있어요.

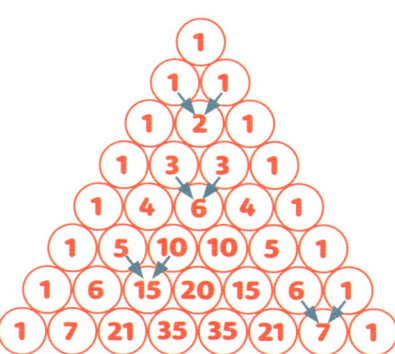

홀수만 색칠하면 어떤 규칙이 있을까요?

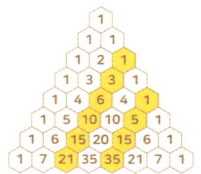

대각선 방향으로 색칠하면 어떤 규칙이 있을까요?

한 줄 수학 수, 모양, 기호 등이 일정한 조건에 따라 배열되어 있거나 어떤 조건을 만족할 때 규칙이 있다고 해요.

12월 9일

17-8=□

그림 완성하기

그림을 완성해 볼까?

보기 와 같이 주어진 그림이 거울에 비친 모양이 되도록 그림을 완성해 보세요.

보기

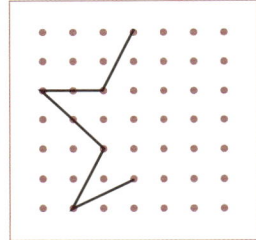

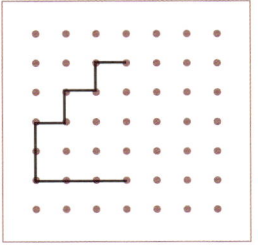

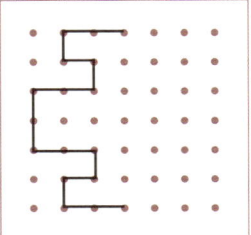

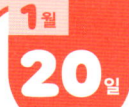

19보다 1만큼 더 큰 수: □

한붓그리기
연필을 떼지 않고 한 번에 그릴 수 있을까?

한붓그리기를 할 수 있는 도형이 있어요.
연필을 떼지 않고 모든 선을 한 번만 지나게 그려 보세요.

12월 8일

5+7-4=□

그림 완성하기
그림을 완성해 볼까?

보기 와 같이 주어진 그림이 거울에 비친 모양이 되도록 그림을 완성해 보세요.

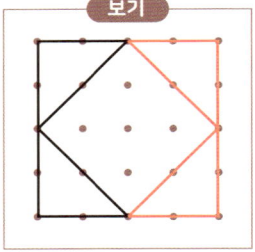

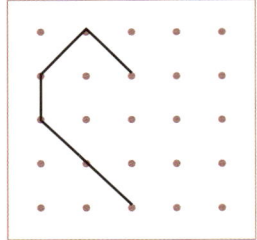

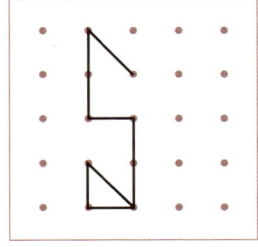

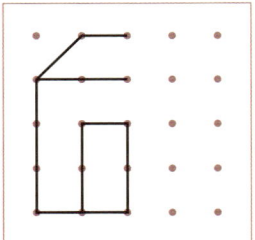

1월 21일

스물하나 → □

스도쿠
숫자를 한 번씩 써서 칸을 채우는 방법

스도쿠는 가로줄과 세로줄에 숫자를 한 번씩만 써서 칸을 채우는 퍼즐이에요. 칸의 수에 따라 4×4, 6×6, 9×9 스도쿠라고 불러요.

가로줄
1부터 4까지 한 번씩 들어가요.

세로줄
1부터 4까지 한 번씩 들어가요.

상자
상자 안에도 1부터 4까지 한 번씩 들어가요.

2	4	1	3
3	1	4	2
4	2	3	1
1	3	2	4

규칙
· 가로줄과 세로줄에는 1부터 4까지의 숫자가 겹치지 않고 한 번씩 들어가야 해요.
· 굵은 선으로 둘러싸인 상자 안에도 1부터 4까지의 숫자가 겹치지 않고 한 번씩만 들어가요.

 4×4 스도쿠입니다. 빈칸을 채워 보세요.

		4	
1			3
4			2
	1	3	

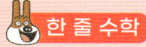

🐰 **한 줄 수학** 스도쿠는 가로줄, 세로줄에 같은 숫자가 겹치지 않아야 하고, 굵은 선 안에도 같은 숫자가 겹치지 않아야 해요.

12월 7일

1×7=□

덧셈과 뺄셈 주사위 놀이

주사위로 덧셈과 뺄셈 놀이를 해 볼까?

십면체 주사위 2개를 던져 나온 수로 '몇십몇'을 만들어 덧셈, 뺄셈 놀이를 할 수 있어요.

주사위를 던져 한 번은 3과 4, 또 한 번은 2와 5가 나왔다면 아래와 같이 여러 가지 덧셈과 뺄셈 문제를 만들 수 있어요.

덧셈식		뺄셈식	
34 + 25 =	34 + 52 =	34 - 25 =	52 - 34 =
43 + 25 =	43 + 52 =	43 - 25 =	52 - 43 =

개념연결 수 카드로 덧셈과 뺄셈 연습하기

1 2 3 4 5 6 7 8 9 0

수 카드 중 2장을 골라 '몇십몇'을 만드는 방법으로 덧셈과 뺄셈을 익힐 수 있어요.

한 줄 수학 수 카드: 숫자가 적혀 있는 카드

1월 22일

스물둘 → □

수와 연산 ▶ 9까지의 수

수 읽기
수의 쓰임에 맞게 수를 어떻게 읽을까?

지금 시각은 9(아홉)시 7(칠)분이에요.
공원에 자전거가 3(세)대 있어요.
비둘기 5(다섯)마리가 모여 있어요.

개념연결 | 쓰임에 맞게 수 읽기

물건의 개수: 5다섯개, 3세대
물건의 길이: 8팔미터, 5오센티미터
나이: 7일곱살(또는 7칠세)
시각: 9아홉시 9구분
전화번호: 119일일구

건물 층수: 5오층
건물 이름: 아파트 106백육동
이름을 대신할 때: 7칠번 선수
온도: 25이십오도

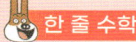 **한 줄 수학** 119(일일구), 2424(이사이사)처럼 전화번호는 숫자를 하나씩 읽을 때가 많아요.

12월 6일

크고 작은 삼각형의 개수: □

도형과 측정 ▶ 시각과 시간

하루
밤 12시에서 다음 날 밤 12시까지

하루 = 1일 = 24시간

12 1 2 3 4 5 6 7 8 9 10 11 12	
오전	오후
	1 2 3 4 5 6 7 8 9 10 11 12

24시간 (1일)

밤 12시부터 다음 날 밤 12시까지를 하루 또는 1일이라고 해요.
하루는 오전과 오후로 나눌 수 있어요.
오전은 전날 밤 12시부터 낮 12시까지를 말하고,
오후는 낮 12시부터 밤 12시까지를 말해요.

개념연결 오후 1시 = 13시

하루 중 오후 시간을 나타낼 때 오후 1시는 13시, 오후 2시는 14시, 오후 3시는 15시와 같이 나타내기도 해요.

한 줄 수학 밤 12시부터 다음 날 밤 12시까지를 하루라고 해요.

1월 23일

⑩⑩①①① → ☐

도형과 측정 ▶ 여러 가지 모양

여러 가지 모양

우리 주변에는 여러 가지 모양이 있어요.
이 모양들을 살펴보면 비슷한 점과 다른 점을 찾을 수 있어요.
모양 중에는 둥근 부분이 있는 것도 있고,
평평하게 생긴 부분이 있는 것도 있어요.
모양이 같은 것끼리 분류해 보세요.

개념연결 모양의 이름 짓기

주변에서 볼 수 있는 물건이나 모양을 찾아 🟦, 🟩, 🟡 모양의 이름을 자유롭게 지어 보아요.

- 🟦 : 주사위 모양, 휴지 상자 모양, 냉장고 모양, 사물함 모양, ……
- 🟩 : 휴지통 모양, 물병 모양, 풀 모양, 연필 모양, ……
- 🟡 : 축구공 모양, 풍선 모양, 둥근 사탕 모양, ……

🐰 한 줄 수학 모양 이름 짓기를 하면 모양의 특징을 좀 더 잘 관찰할 수 있어요.

12월 5일

□×3=15

도형과 측정 ▶ 시각과 시간

걸린 시간
어떤 일을 하는 데 사용한 시간

 서울    대전

출발한 시각   도착한 시각

기차가 9시 정각에 서울역을 출발하여 대전역에 10시 20분에 도착했다면, 기차가 서울에서 대전까지 가는 데 걸린 시간은 1시간 20분이에요.
걸린 시간은 어떤 일을 시작하여 마치는 데까지 사용한 시간을 말해요.

개념연결 걸리는 시간 알아보기

수학체험관 프로그램

시간	프로그램
3:00~3:40	전시물 해설
3:40~4:10	수학 퀴즈 대회
4:10~5:00	수학 영화 관람

걸리는 시간을 알아보려면 어떤 일을 시작하는 시각과 마치는 시각을 알아야 해요. 수학체험관에서 3가지 프로그램에 모두 참여하는 데 걸리는 시간은 2시간이에요.

한 줄 수학 밤 10시에 잠을 자서 아침 7시에 일어났다면 잠자는 데 걸린 시간은 9시간이에요.

⬛, 🟢, 🟡의 특징

모양은 어떤 특징이 있는지 관찰해 볼까?

	🟦	🟢	🟡
모양	평평한 부분과 뾰족한 부분이 있다.	평평한 부분이 있다.	둥근 부분이 있다.
밀거나 굴리기	굴러가지 않고 옆으로 미끄러진다.	둥근 쪽으로 눕히면 잘 굴러가지만, 평평한 쪽으로는 굴러가지 않는다.	어느 쪽으로든 잘 굴러간다.
쌓기	어떤 방향으로도 쌓을 수 있다.	평평한 쪽으로 쌓을 수 있다.	쌓을 수 없다.

개념연결 | 직접 만져 보고 굴려 보기

자! 이것들을 잡고 굴려 보세요.

모양을 직접 만져 보고 굴려 보면 모양의 특징을 관찰하는 데 도움이 돼요. 눈으로 보는 것과 실제로 만져 보는 것은 많은 차이가 있어요.

한 줄 수학 물건이나 사물의 생김새를 모양이라고 해요. 모양은 무늬나 색깔은 생각하지 않아요.

12월 4일

사각형의 꼭짓점의 수: □

> 도형과 측정 ▶ 시각과 시간

4시 10분 전
몇 시 몇 분 전은 어떤 뜻일까?

다음 정각이 되기까지 몇 분이 남았는지에 따라 '몇 시 몇 분 전'으로 말할 수 있어요. 왼쪽 시계를 보고 연습을 해 볼까요?
바늘이 3시 50분을 가리키고 있어요. 4시 정각이 되려면 10분이 남았으니, 4시 10분 전이라고 할 수 있어요.

4시 10분 전 = 3시 50분

개념연결 9시 5분 전

현재 시각이 8시 55분이면 5분 후에는 9시가 돼요. 9시 정각이 되기까지 5분 남았으므로 9시 5분 전이라고 할 수 있어요.

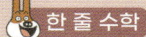 **한 줄 수학**   3시 50분은 현재 시각을 직접 말하는 것이고 4시 10분 전은 4시가 되기까지 10분이 남았다는 것을 알려 주는 표현이에요.

1월 25일

스물다섯 → □

도형과 측정 ▸ 여러 가지 모양

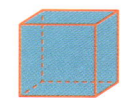

■ 모양은 어떤 특징이 있을까?

주사위나 상자는 평평한 부분도 있고 뾰족한 부분도 있어요.
또 어느 방향으로도 잘 쌓을 수 있어요.
상자를 밀면 미끄러지지만 굴러가지는 않아요.

개념연결 ■ 모양 관찰하기

모양	밀거나 굴리기	쌓기
평평한 부분 / 뾰족한 부분		
평평한 부분과 뾰족한 부분이 있다.	굴러가지 않고 옆으로 미끄러진다.	어떤 방향으로도 쌓을 수 있다.

🐰 **한 줄 수학** ■ 모양은 평평한 면과 뾰족한 부분이 있고, 잘 굴러가지 않아요.

12월 3일

2×□=6

도형과 측정 ▶ 시각과 시간

3시 45분

짧은바늘은 3, 긴바늘은 9에 놓으면 될까?

긴바늘이 한 바퀴 도는 동안 짧은바늘은 숫자가 있는 큰 눈금 한 칸을 움직이는 것을 볼 수 있어요. 시계 모형으로 시각을 나타낼 때 짧은바늘이 어디를 가리키는지 확인해야 해요. 3시 45분이면 짧은바늘은 3과 4 사이에 있고, 긴바늘은 9에 오도록 해야 해요.

개념연결 | 시각 읽기

짧은바늘이 4에 가까워서 4시 55분이라고 착각할 수도 있지만, 아직 숫자 4를 지나지 않았기 때문에 4시가 되지 않았어요. 그래서 시계가 나타내는 시각은 3시 55분이에요.

한 줄 수학 시계의 긴바늘이 돌 때, 느리지만 짧은바늘이 가리키는 위치도 계속 달라져요.

1월 26일

24 25 □ 27 28

최석정
마방진을 연구한 수학자

조선 시대 수학자 최석정은 거북의 등껍질 모양으로 생긴 독특한 마방진을 만들었어요. 최석정이 만든 마방진은 여러 개의 육각형으로 이루어져 있는데 육각형의 꼭짓점에는 1부터 30까지의 수가 적혀 있어요. 각 육각형을 이루는 수들의 합은 모두 93이에요.

2 + 22 + 23 + 18 + 16 + 12 = 93

1 + 29 + 2 + 12 + 19 + 30 = 93

개념연결 최석정의 라틴 방진

2 3 1		3 1 2		2,3 3,1 1,2
1 2 3	+	1 2 3	→	1,1 2,2 3,3
3 1 2		2 3 1		3,2 1,3 2,1

라틴 방진에서는 가로줄과 세로줄에 똑같은 숫자가 겹치지 않고 한 번씩만 들어가야 해요. 최석정은 세계 최초로 라틴 방진을 연구한 수학자로 알려져 있어요.

한 줄 수학 가로, 세로에 숫자를 겹치지 않게 채우는 스도쿠는 라틴 방진에서 유래되었어요.

12월 2일

120분=□시간

15가 되는 세 수

세 수를 모아 15가 되는 수를 찾아볼까?

가로와 세로에서 합이 15가 되는 세 수를 찾아 선으로 묶어 보세요.

8	7	6	2	3	4	3
2	1	9	3	8	4	9
5	4				6	3
7	8		**15**		4	9
6	9		6쌍을 더 찾아야 해요.		5	5
9	2	4	7	3	8	6
7	5	8	2	8	1	6

가로에서 7+6+2=15,
세로에서 8+5+2=15를
찾을 수 있어요.

1월 27일

스물일곱 → □

스도쿠
숫자를 한 번씩 써서 칸을 채우는 방법

가로줄
1부터 6까지 한 번씩 들어가요.

3	4	1	6	2	5
5	2	6	1	4	3
6	3	5	4	1	2
2	1	4	3	5	6
1	6	2	5	3	4
4	5	3	2	6	1

상자
상자 안에도 1부터 6까지 한 번씩 들어가요.

세로줄 1부터 6까지 한 번씩 들어가요.

규칙
- 가로줄과 세로줄에는 1부터 6까지의 숫자가 가로와 세로 방향으로 겹치지 않고 한 번씩 들어가야 해요.
- 굵은 선으로 둘러싸인 상자 안에도 1부터 6까지의 숫자가 겹치지 않고 한 번씩만 들어가요.

6×6 스도쿠입니다.
빈칸을 채워 보세요.

1	2		6		4
4		6	1	3	
2		4	5	6	1
6	1		4		
	6	1	2	4	5
	4	2		1	

12월 1일

1×1=□

10이 되는 두 수

두 수를 모아 10이 되는 수를 찾아볼까?

가로와 세로에서 합이 10이 되는 두 수를 찾아 선으로 묶어 보세요.

3	8	1	5	3	2	8
6	4	3	2	7	5	9
7	5				3	6
4	1		**10**		5	7
9	8		6쌍을 더 찾아야 해요.		5	2
3	1	9	5	7	3	4
2	6	8	2	6	9	6

가로에서 6+4=10,
세로에서 3+7=10을
찾을 수 있어요.

1월 28일

27 - □ - 29 - 30

스도쿠
숫자를 한 번씩 써서 칸을 채우는 방법

가로줄과 세로줄, 굵은 상자 안에 1부터 4까지의 숫자가
한 번씩 들어가도록 빈칸을 모두 채워 보세요.

1단계

1		4	3
3	4		
		2	1
2	1		

2단계

3	4		2
		1		3
1		3	
		2	1

12월

1월 29일

스물아홉 → □

도형과 측정 ▸ 여러 가지 모양

모양은 어떤 특징이 있을까?

 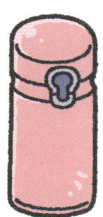

통조림이나 물통은 평평한 부분이 있고, 둥근 부분도 있어요.
통조림을 평평한 쪽으로 쌓으면 잘 쌓을 수 있어요.
또 둥근 쪽으로 굴리면 잘 굴러가요.

개념연결 ▮ 모양 관찰하기

모양	밀거나 굴리기	쌓기
평평한 부분 ↘ ↗ 둥근 부분		
평평한 부분이 있다. 둥근 부분이 있다.	둥근 쪽으로 눕히면 잘 구르지만, 평평한 쪽으로는 굴러가지 않는다.	평평한 쪽으로 쌓을 수 있다.

한 줄 수학
모양은 평평한 부분과 둥근 부분이 있고, 눕히면 잘 굴러가요.

11월 30일

2+4+6+8+10=□

주사위 덧셈 놀이
십면체 주사위로 덧셈 놀이를 해 볼까?

0부터 9까지의 숫자가 있는 십면체 주사위가 있어요.
십면체 주사위를 이용하여 덧셈 놀이를 해 볼까요?

7 + 5 = 12

주사위를 던져 7과 5가 나오면 두 수를 더해 12라고 답을 해요.
두 사람이 번갈아 덧셈 놀이를 할 수 있어요.
주사위의 개수를 늘려 보세요.
주사위 3개로 세 수의 덧셈을 할 수 있어요.

한 줄 수학 주사위: 각 면에 점이나 숫자를 표시하여 우연히 선택된 값이 나오도록 하는 놀이 도구

1월 30일

서른 → □

도형과 측정 ▶ 여러 가지 모양

◯ 모양은 어떤 특징이 있을까?

공, 사과, 수박은 둥근 부분이 있고, 잘 굴러가요.
또 뾰족하거나 평평한 부분은 없고, 전체가 둥글어요.

개념연결 ◯ 모양 관찰하기

| 모양 | 밀거나 굴리기 | 쌓기 |

둥근 부분이 있다. / 어느 쪽으로든 잘 굴러간다. / 쌓을 수 없다.

한 줄 수학 ◯ 모양은 평평한 부분이 없이 둥근 부분만 있고, 어느 쪽으로든 잘 굴러가요.

11월 29일

12+17=□

도형과 측정 ▶ 시각과 시간

몇 시 몇 분
시각은 어떻게 읽을까?

시계를 볼 때 짧은바늘은 어떤 숫자와 어떤 숫자 사이를 가리키고 있는지, 긴바늘은 어떤 숫자를 가리키고 있는지를 살펴보아야 해요.
짧은바늘이 8과 9 사이에 있으면 8시, 긴바늘이 7을 가리키면 35분이에요.

개념연결 | 바늘 시계

바늘 시계는 돌아가는 시곗바늘의 위치로 시각을 나타내요. 한 번에 정확한 시각을 읽기는 어렵지만, 바늘의 움직임으로 시간의 흐름을 쉽게 알 수 있어요.

한 줄 수학 시계의 짧은바늘은 몇 시, 긴바늘은 몇 분을 나타내요.

9까지의 수 모으기

모으기를 하려면 어떤 수가 필요할까?

2 모으기
1 1
 ∨
 2

3 모으기
1 2   2 1
 ∨   ∨
 3   3

4 모으기
1 3   2 2   3 1
 ∨   ∨   ∨
 4   4   4

5 모으기
1 4   2 3   3 2   4 1
 ∨   ∨   ∨   ∨
 5   5   5   5

6 모으기
1 5   2 4   3 3   4 2   5 1
 ∨   ∨   ∨   ∨   ∨
 6   6   6   6   6

7 모으기
1 6   2 5   3 4   4 3
 ∨   ∨   ∨   ∨
 7   7   7   7

5 2   6 1
 ∨   ∨
 7   7

8 모으기
1 7   2 6   3 5   4 4
 ∨   ∨   ∨   ∨
 8   8   8   8

5 3   6 2   7 1
 ∨   ∨   ∨
 8   8   8

9 모으기
1 8   2 7   3 6   4 5
 ∨   ∨   ∨   ∨
 9   9   9   9

5 4   6 3   7 2   8 1
 ∨   ∨   ∨   ∨
 9   9   9   9

개념연결 | 모으기와 덧셈, 뺄셈

두 수의 합이 2부터 9까지인 수를 모으기 할 수 있어요. 9까지의 수 모으기는 덧셈과 뺄셈의 기초가 돼요.

한 줄 수학 모으기: 어떤 두 수나 양을 하나로 나타내는 것

7+7+7+7=□

도형과 측정 ▶ 시각과 시간

시간
시각과 시각의 간격

시작한 시각

끝난 시각

영화 상영을 시작한 시각이 9시, 끝난 시각이 10시 30분이면
영화 상영 시간은 1시간 30분이에요.
이처럼 시간은 한 시각과 다른 시각 사이의 간격을 나타내요.

개념연결 | 생활 속의 시간

잠자는 시간: 8시간

밥을 먹는 데 걸리는 시간: 30분

병아리가 알을 깨고 나오는 시간: 21일

🐰 **한 줄 수학** 1시간=60분, 1일=24시간, 1주일=7일, 1년=12개월

2월

3×9=□

도형과 측정 ▶ 시각과 시간

시각
하루 중 어느 한때

시각은 하루 중 어느 한때를 뜻하고, 시간은 시각과 시각 사이의 간격을 말해요. 집에서 출발한 시각은 8시 10분, 학교에 도착한 시각은 8시 40분이면, 집에서 학교까지 가는 데 걸린 시간은 30분이에요.

개념연결 | 시각과 시간

일상생활에서는 시각과 시간을 같은 뜻으로 사용하기도 하지만 본래 뜻에 맞게 시각과 시간을 구분하여 사용하면 좋아요.

 시각: 時(때 시), 刻(새길 각), 시간: 時(때 시), 間(사이 간)

2월 1일

5 - 4 - 3 - 2 - □

수와 연산 ▶ 덧셈과 뺄셈

9까지의 수 가르기

몇 가지 방법으로 가르기를 할 수 있을까?

2 가르기
2
∧
1 1

3 가르기
3   3
∧   ∧
1 2 2 1

4 가르기
4   4   4
∧   ∧   ∧
1 3 2 2 3 1

5 가르기
5   5   5   5
∧   ∧   ∧   ∧
1 4 2 3 3 2 4 1

6 가르기
6   6   6   6   6
∧   ∧   ∧   ∧   ∧
1 5 2 4 3 3 4 2 5 1

7 가르기
7   7   7   7
∧   ∧   ∧   ∧
1 6 2 5 3 4 4 3
7   7
∧   ∧
5 2 6 1

8 가르기
8   8   8   8
∧   ∧   ∧   ∧
1 7 2 6 3 5 4 4
8   8   8
∧   ∧   ∧
5 3 6 2 7 1

9 가르기
9   9   9   9
∧   ∧   ∧   ∧
1 8 2 7 3 6 4 5
9   9   9   9
∧   ∧   ∧   ∧
5 4 6 3 7 2 8 1

개념연결 가르기와 뺄셈

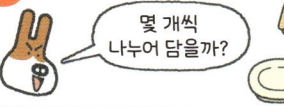

몇 개씩 나누어 담을까?

수를 여러 가지 방법으로 가르기 할 수 있어요. 가르기는 뺄셈의 기초가 돼요.

🐰 **한 줄 수학** 가르기: 어떤 수나 양을 둘로 나누어 나타내는 것

11월 26일

4 m □ cm = 426 cm

도형과 측정 ▶ 길이 재기

거리 어림하기
거리는 어떻게 어림할까?

어림하기는 정확한 값을 구하지 않고 대강 얼마쯤인지 알아보는 것을 말해요. 승부차기를 할 때 축구공과 골대 사이의 거리가 얼마쯤인지 궁금했던 적이 있을 거예요. 1 m가 얼마쯤인지 알면 자를 사용하지 않아도 1 m가 몇 번 들어가는지 세어 어림할 수 있어요.
1 m가 11번쯤 들어간다면 구하는 거리는 약 11 m라고 할 수 있어요.

개념연결 걸음으로 어림하기

우리 몸을 이용하여 거리를 어림할 수 있어요. 한 걸음이 약 60 cm라고 했을 때, 승부차기에서 축구공과 골대 사이가 약 20걸음이라면 거리는 12 m쯤 된다고 할 수 있어요. 이처럼 어림을 하면 값이 달라지기도 하지만 대강 얼마쯤인지 알아보는 데는 편리해요. 학교에서 집까지의 거리도 걸음으로 어림할 수 있어요.

 학교에서 집까지 또는 주변의 가까운 거리를 직접 걸어서 몇 걸음인지 세어 보고 길이를 어림해 보세요.

2월 2일 □ - 4 - 6 - 8 - 10

세종대왕
임금님도 구구단을 외웠을까?

조선 시대의 세종대왕은 한글을 만들었고 과학 기술을 크게 발전시켰어요. 세종대왕은 수학이 백성들의 생활에 꼭 필요하고, 농업이나 과학 기술의 발전에도 도움이 된다고 생각하여 신하를 스승으로 삼아 수학을 배웠어요. 이때 세종대왕이 배운 수학책의 첫 부분에는 구구단이 실려 있었어요.

한편, 세종대왕은 신하들도 수학을 잘 알고 있어야 한다고 생각하여 모든 신하에게 수학의 기본이 되는 구구단을 외우도록 하였고, 직접 구구단을 물어 잘 암기하고 있는지 시험해 보기도 했어요.

개념연결 | 한글과 수학

한글에는 많은 수학 원리가 숨어 있어요. 인도-아라비아 숫자가 0~9로 모든 수를 나타낼 수 있듯이, 한글은 24글자로 이 세상 대부분의 소리를 기록할 수 있어요. 또한 컴퓨터 자판으로 글자를 쉽게 입력할 수 있는 것도 바로 한글에 적용된 수학 원리 때문이에요.

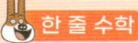 **한 줄 수학** 세종대왕은 농업이나 과학 기술의 발전을 위하여 반드시 수학 공부를 해야 한다고 생각했어요.

26+32-33=□

그림이 나타내는 수
어떤 수를 나타내는 그림일까?

🐰, 🌰, 🦉는 각각 어떤 수를 나타내요.
다음 식을 보고 □ 안에 알맞은 수를 써넣으세요.

🐰 + 🌰 = 12

🌰 + 🌰 = 16

🦉 × 🐰 = 28

🐰 = □   🌰 = □   🦉 = □

정답 7 🦉 8 🌰 4 🐰 7

2월 3일

2보다 1만큼 더 큰 수: ☐

스도쿠
숫자를 한 번씩 써서 칸을 채우는 방법

가로줄과 세로줄, 굵은 상자 안에 1부터 6까지의 숫자가 한 번씩 들어가도록 빈칸을 모두 채워 보세요.

2		5		4	1
4		1			5
6	5			2	4
	4	2	5	6	
5	2		3		
3	1	6	4		2

11월 24일

8×3=□

그림이 나타내는 수
어떤 수를 나타내는 그림일까?

🦐, ⭐, 🐢 은 각각 어떤 수를 나타내요.
다음 식을 보고 □ 안에 알맞은 수를 써넣으세요.

🦐 × 🦐 = 36

🦐 + ⭐ = 10

⭐ × 🐢 = 36

🦐 = ☐   ⭐ = ☐   🐢 = ☐

6🐢 4⭐ 9🦐 : 답정

2월 4일

2 - 3 - □ - 5 - 6

스도쿠
숫자를 한 번씩 써서 칸을 채우는 방법

가로줄과 세로줄, 굵은 상자 안에 1부터 6까지의 숫자가 한 번씩 들어가도록 빈칸을 모두 채워 보세요.

4		1	3		2
	3	2		1	5
		6		5	
2		5		3	1
5	2	3			6
1			5	2	3

11월 23일

92-69=☐

4차 마방진

가로, 세로, 대각선 어느 방향으로 더해도 항상 합이 같은 수 배열

4차 마방진은 1부터 16까지의 수를 한 번씩 사용해요.
가로줄과 세로줄, 대각선에 있는 수들의 합은 모두 34예요.

4차 마방진 만드는 법

1	2	3	4
5	6	7	8
9	10	11	12
13	14	15	16

1부터 16까지 순서대로 빈칸에 수를 채워요.

1			4
	6	7	
	10	11	
13			16

색칠하지 않은 부분의 수를 지워요.

1			4
	6	7	
	10	11	
13			16

지운 수를 이용하여 가로, 세로, 대각선의 합이 34가 되도록 빈칸을 채워요.

1	15	14	4
12	6	7	9
8	10	11	5
13	3	2	16

짜잔!
가로줄과 세로줄, 대각선의 합이 모두 34가 되었어요.

한 줄 수학 마방진: 1부터 차례로 수를 넣어 가로, 세로, 대각선의 합이 모두 같도록 하는 수 배열

2월 5일

다섯, 오 → □

수와 연산 ▶ 덧셈과 뺄셈

덧셈 상황
어떤 덧셈 상황일까?

덧셈에는 처음 수에 다른 수를 더하는 상황과 같이 있는 두 수를 더하는 두 가지 상황이 있어요. 덧셈을 공부할 때 어떤 덧셈 상황인지 알면 새로운 수학의 재미를 경험할 수 있어요.

처음 수에 다른 수를 더하는 상황
5+2

같이 있는 두 수를 더하는 상황
4+4

개념연결 | 바둑돌로 알아보는 덧셈 상황

3+2=5

바둑판에 바둑돌 3개가 있는데, 바둑돌 2개를 더 가져오는 경우

3+2=5

바둑판에 흰 바둑돌 3개, 검은 바둑돌 2개가 놓여 있는 경우

🐰 **한 줄 수학** 덧셈은 처음 수에 다른 수를 더하거나, 같이 있는 두 수를 더할 때 사용해요.

11월 22일

35+14-27=□

도형과 측정 ▶ 길이 재기

1m 어림하기
우리 몸에서 1m를 찾아볼까?

자 없이 길이를 잴 수 있을까요? 우리 몸에서 1m쯤 되는 부분을 알고 있으면 자가 없이도 대강의 길이를 어림할 수 있어요. 양팔을 어느 정도 벌려야 1m가 되는지, 몇 뼘이 1m쯤 되는지 직접 재어 확인해 보세요.
내 몸으로 1m를 나타낼 수 있다면 내 몸을 이용하여 주변에 있는 물건의 길이를 어림하여 잴 수 있어요.

개념연결 뼘으로 10cm 어림하기

평소 10cm가 얼마쯤인지 알고 있으면 짧은 길이를 어림할 수 있어 편리해요. 손을 자에 대고 적당히 벌려 10cm가 되도록 만들어 보세요. 어느 정도 익숙해지면 연필이나 공책, 책상의 길이 등 주변의 길이를 손으로 간단히 어림할 수 있게 돼요.

한 줄 수학 10cm, 1m가 얼마쯤인지 알고 있으면, 이를 이용하여 주변의 길이를 어림할 수 있어요.

2월 24 6일

수와 연산 ▶ 덧셈과 뺄셈

뺄셈 상황
어떤 뺄셈 상황일까?

뺄셈에는 처음 수에서 덜어 내고 남아 있는 양을 구하는 상황과 두 양의 차를 구하는 두 가지 상황이 있어요. 어떤 뺄셈 상황인지 이해하면 좀 더 재미있게 수학 공부를 할 수 있어요.

남은 양을 구하는 상황	두 수의 차를 구하는 상황
8-3	5-3

뺄셈은 처음 수에서 덜어 내고 남아 있는 양을 구하는 것과 두 양의 차를 구하는 상황이 있어요.

개념연결 바둑돌로 알아보는 뺄셈 상황

5-3=2

바둑판에 놓인 바둑돌 5개 중 3개를 덜어 내는 경우

5-3=2

바둑판에 흰 바둑돌 5개와 검은 바둑돌 3개가 놓여 있을 때, 개수의 차를 알아보는 경우

한 줄 수학 뺄셈은 남아 있는 양을 구하거나 두 수의 차를 비교할 때 사용해요.

11월 21일

3주일 = □일

도형과 측정 ▸ 길이 재기

길이의 차
길이도 뺄 수 있을까?

3m 70cm

2m 40cm

?

어떤 물건의 긴 정도를 <u>길이</u>라고 해요.
길이가 3 m 70 cm인 색 테이프를 2 m 40 cm만큼 사용했을 때,
남은 색 테이프의 길이가 얼마인지 뺄셈으로 구할 수 있어요.

$$3m\ 70cm - 2m\ 40cm = 1m\ 30cm$$

길이의 차를 구할 때 cm는 cm끼리, m는 m끼리 계산해요.

개념연결 | cm끼리 뺄 수 없을 때

```
       4      100 ← 받아내림한 수
       5̶ m    30 cm
   -   1 m    80 cm
   ─────────────────
       3 m    50 cm
```

5 m 30 cm − 1 m 80 cm의 계산에서
30 cm − 80 cm이므로 cm끼리 뺄 수 없어요.
이럴 때는 1 m를 100 cm로 받아내림을 해요.
  5 m 30 cm − 1 m 80 cm
= 4 m 130 cm − 1 m 80 cm
= 3 m 50 cm

한 줄 수학 길이의 차를 구할 때 cm끼리 뺄 수 없으면 1 m를 100 cm로 받아내림을 해요.

2월 7일

일곱, 칠 → □

수와 연산 ▸ 덧셈과 뺄셈

덧셈식을 뺄셈식으로

덧셈식을 뺄셈식으로 어떻게 나타낼 수 있을까?

1+2=3과 같이 덧셈으로 나타낸 식을 덧셈식이라 하고 5-1=4와 같이 뺄셈으로 나타낸 식을 뺄셈식이라고 해요.
덧셈과 뺄셈은 문제 상황에 따라 달라질 수 있어요.

3에 1을 더하면 4가 되고, 4에서 1을 빼면 3이 돼요.
이처럼 덧셈과 뺄셈의 관계를 이용하여 덧셈식을 뺄셈식으로,
뺄셈식을 덧셈식으로 나타낼 수 있어요.

개념연결 수 카드로 덧셈식 또는 뺄셈식 만들기

2 3 5 8 4

수 카드를 이용하여 덧셈식을 뺄셈식으로 쉽게 나타낼 수 있어요. 예를 들어 덧셈식 3+5=8일 때, 뺄셈식 8-3=5, 8-5=3이 돼요.

🐰 한 줄 수학 뺄셈식: 뺄셈 기호(-)와 등호(=)를 써서 나타낸 식

5×4=□

도형과 측정 ▶ 길이 재기

길이의 합
길이도 더할 수 있을까?

1 m 20 cm + 1 m 60 cm = 2 m 80 cm

덧셈은 둘 이상의 수나 양(물건)을 함께 모으는 것을 말해요.
둘 이상의 길이도 모아 더할 수 있어요.
길이가 각각 1 m 20 cm, 1 m 60 cm인 끈이 있을 때,
두 끈을 겹치지 않게 이어 붙이면 끈의 길이는 2 m 80 cm예요.

개념연결 길이의 합

```
    1 m 20 cm
+   1 m 60 cm
─────────────
    2 m 80 cm
```

길이를 더할 때는 같은 단위끼리 계산해요. cm는 cm끼리 더하고 m는 m끼리 더해요. 수의 덧셈에서 같은 자리의 수끼리 더하는 원리와 같아요. 한편 cm끼리 더한 값이 100 cm보다 크거나 같으면 100 cm를 1 m로 바꾸어 받아올림을 해요.

한 줄 수학 길이의 합을 구할 때 cm는 cm끼리, m는 m끼리 계산해요.

2월 8일

0+8=□

수와 연산 ▶ 덧셈과 뺄셈

6+0=?
0은 없는 건데 어떻게 더할까?

0은 없음을 나타내는 수예요. 6+0=6, 5-0=5와 같이
0을 이용하여 다른 수처럼 덧셈과 뺄셈을 할 수 있어요.

6 + 0 = 6   **5 - 0 = 5**

바구니에 사과가 각각 6개와 0개가 있으므로,
바구니에 담긴 사과는 모두 6개입니다.
또 당근 5개 중 뽑은 당근이 0개이므로 남아 있는 당근은 5개 그대로예요.

개념연결 0-5=?

(어떤 수)+0 = (어떤 수), (어떤 수)-0 = (어떤 수)

어떤 수에 0을 더하거나 빼면 항상 어떤 수가 나와요. 예를 들어 5+0=5, 0+5=0, 5-0=5가 돼요. 하지만 0-5처럼 0에서 어떤 수를 뺄 수는 없어요.

한 줄 수학
☆+0=☆처럼 어떤 수에 0을 더하면 처음 수와 같아요.

11월 19일 40-21=□

도형과 측정 ▶ 길이 재기

cm와 m의 관계
130 cm는 어떻게 1 m 30 cm와 같을까?

말풍선: 책상의 가로가 1m 30cm야.

자로 잰 책상의 길이가 130 cm일 때 100 cm=1 m임을 이용하여 책상의 길이를 1 m 30 cm로 나타낼 수 있어요.

130 cm = 100 cm + 30 cm = 1 m + 30 cm = 1 m 30 cm

길이를 130 cm와 같이 나타낼 수도 있지만 길이를 비교하거나 길이의 덧셈과 뺄셈을 할 때는 1 m 30 cm와 같이 나타내는 것이 더 편리해요.

개념연결 | 운동 경기 기록

기록 154 cm

제자리멀리뛰기 기록이 154 cm이면 1 m보다 54 cm 더 먼 거리를 뛴 거예요. 154 cm는 1 m 54 cm와 같아요. 공 던지기, 높이뛰기 등 길이를 재는 운동에서는 길이를 cm와 m를 이용하여 나타내요.

한 줄 수학 길이는 쓰임에 따라 290 cm 또는 2 m 90 cm와 같이 나타낼 수 있어요.

2월 9일

6 7 8 □ 10

문장제

'모두'란 말이 있으면 덧셈일까?

문장제에서는 문제의 뜻을 잘 파악하는 것이 중요해요.
글을 제대로 읽지 않고 일부 낱말만 보고 판단하여 식을 만들어 풀면 틀리기
쉬워요. 예를 들어 위 그림은 6마리 원숭이 중 2마리가 집에 간 상황이고
남아 있는 원숭이가 모두 몇 마리인지 묻는 뺄셈 상황이에요.
'모두'란 말만 보고 덧셈을 하지 않도록 주의해야 해요.

개념연결 문장제를 잘 풀려면

수학 문장제를 풀 때는 문제의 내용을 꼼꼼히 읽고 구하려는 답이 무엇인지 찾는 것이 중요해요. 평소에 책을 많이 읽고, 내용에 대해 이야기하는 습관을 기르면 문장제를 풀 때 도움이 돼요.

 한 줄 수학 문장제는 일상생활에서 수학이 쓰이는 상황을 문장으로 나타낸 수학 문제를 말해요.

11월 18일

20-□=2

위에서 본 모양
입체도형을 위에서 본 모양은 어떨까?

입체도형을 위에서 본 모양을 찾아 선으로 이어 보세요.

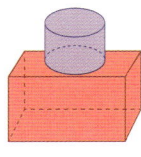 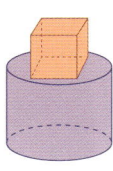 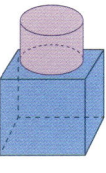

  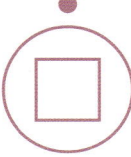

정답 가-마, 나-라, 다-바

2월 10일

가장 작은 두 자리 수: □

연속하는 자연수
1씩 커지는 자연수

연속하는 자연수의 합으로 다음 수를 나타내려고 해요.
빈칸에 알맞은 수를 써넣으세요.

정답   4+5+6=15   9+10+11=30   19+20+21=60

 한 줄 수학   1, 2, 3과 같이 1씩 커지는 수를 연속하는 자연수라고 해요.

□+50=67

위에서 본 모양
입체도형을 위에서 본 모양은 어떨까?

입체도형을 위에서 본 모양을 찾아 선으로 이어 보세요.

가
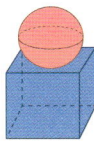

나
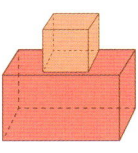

다
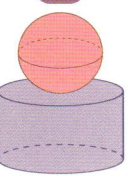

라

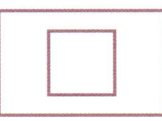
마

바

2월 11일

10보다 1만큼 더 큰 수: □

연속하는 자연수
1씩 커지는 자연수

연속하는 자연수의 합으로 다음 수를 나타내려고 해요.
빈칸에 알맞은 수를 써넣으세요.

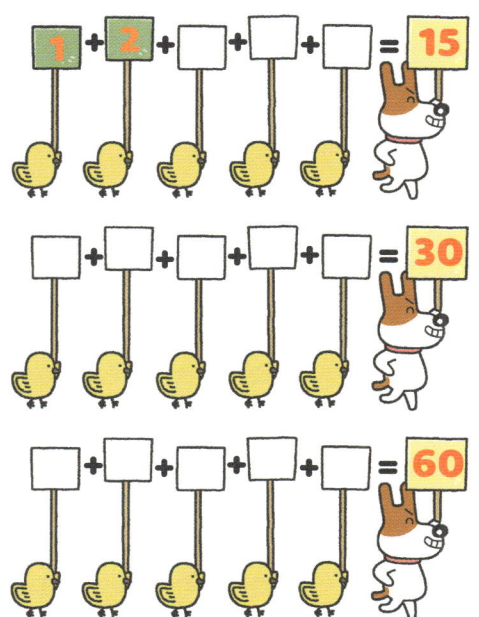

정답: 1+2+3+4+5=15   4+5+6+7+8=30   10+11+12+13+14=60

🐰 한 줄 수학   연속하는 자연수는 1씩 커져요.

11월 16일

2×8=□

오후 2시 = 14시

오후 2시가 14시라고?

12시간제	24시간제
오전 12시	0시
오전 1시	1시
오전 2시	2시
오전 3시	3시
오전 4시	4시
오전 5시	5시
오전 6시	6시
오전 7시	7시
오전 8시	8시
오전 9시	9시
오전 10시	10시
오전 11시	11시
오후 12시	12시
오후 1시	13시
오후 2시	14시
오후 3시	15시
오후 4시	16시
오후 5시	17시
오후 6시	18시
오후 7시	19시
오후 8시	20시
오후 9시	21시
오후 10시	22시
오후 11시	23시

점심시간이 지나고 나서 시계를 보니 오후 2시예요. 그런데 디지털시계에는 14시라고 되어 있어요. 어떻게 된 일일까요? 하루를 시간으로 나타내는 방법에는 12시간제와 24시간제가 있어요.

· 12시간제: 하루의 오전과 오후를 각각 12개의 시간으로 나누어 표시해요.
· 24시간제: 하루를 24개의 시간으로 나누어 표시해요. 하루의 시작은 0시이고, 끝은 24시예요.

오전과 오후 시각을 구분할 필요가 있을 때 24시간제를 써요.

한 줄 수학 하루는 24시간이고, 시간을 나타내는 방법에는 12시간제와 24시간제가 있어요.

2월 12일

열둘 → □

수와 연산 ▸ 덧셈과 뺄셈

덧셈식
덧셈 기호(+)와 등호(=)를 써서 나타낸 식

덧셈식은 덧셈 기호(+)와 등호(=)를 사용하여 나타낸 식을 말해요.
더하기는 '+'로, 같다는 '='로 나타내요.

  →

(쓰기) 2+3=5
(읽기) 2 더하기 3은 5와 같습니다.
         2와 3의 합은 5입니다.

개념연결 | 덧셈이 이루어지는 상황

4+1=5
처음 수에 다른 수를 더하는 상황

2+4=6
같이 있는 두 수를 더하는 상황

🐰 한 줄 수학 2+3=5 ↔ 5-2=3과 같이 덧셈식을 뺄셈식으로 나타낼 수 있어요.

11월 15일 5×3=□   도형과 측정 ▶ 길이 재기

1 m (미터)
1 m 길이는 어떻게 정해졌을까?

예전에는 지역이나 나라마다 길이를 재는 단위가 달랐어요. 그래서 1790년 프랑스에서는 '미래에도 영원히 변하지 않는 단위'를 만들기로 했어요. 그때 사람들은 지구를 기준으로 한 길이는 변하지 않는다고 생각하여 북극에서 적도까지의 거리를 기준으로 1 m를 정했어요. 하지만 지구가 울퉁불퉁해서 재는 위치에 따라 둘레도 달라진다는 것을 나중에 알게 되었어요. 그래서 지금은 빛이 일정 시간 동안 이동한 거리를 기준으로 1 m를 약속하고 있어요.

개념연결 길이를 재는 신체 단위

  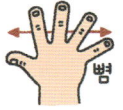 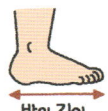

팔의 길이 / 걸음 / 뼘 / 발의 길이

책상의 길이는 손가락을 벌린 뼘으로 잴 수 있고, 운동장의 길이는 걸음으로 잴 수 있어요. 이처럼 거리를 잴 때 쓰는 손, 팔, 다리 등을 신체 단위라고 해요. 우리 몸이 길이를 재는 편리한 자가 되는 것이에요.

한 줄 수학 처음 1 m의 길이는 북극에서 적도까지의 거리를 기준으로 정해졌어요.

2월 13일

10 - 11 - 12 - □ - 14

수와 연산 ▶ 덧셈과 뺄셈

모으기를 하여 덧셈하기

모으기와 덧셈은 어떤 관계가 있을까?

두 수를 하나의 수로 만드는 것을 모으기라고 해요. 두 수를 모으면 두 수의 합과 같아요. 모으기는 덧셈을 이해하는 데 도움이 돼요.

1과 4를 모으기 하면 5입니다.
이것을 덧셈식으로 1+4=5 또는 4+1=5와 같이 나타낼 수 있습니다.

개념연결 모으기로 뺄셈하기

3과 4를 7로 모으기 할 수 있어요.
이것을 뺄셈식으로 나타내면 7-3=4, 7-4=3이 됩니다.

덧셈식	⇔	뺄셈식
3+4=7		7-3=4 7-4=3

🐰 한 줄 수학   모으기와 가르기는 덧셈과 뺄셈을 하는 데 도움이 돼요.

길이 단위

cm(센티미터)로 길이를 재면 되는데 m(미터)가 왜 필요할까?

자를 이용하여 물건의 길이를 잴 수 있어요. 짧은 길이는 보통 몇 cm(센티미터)로 나타내지만 긴 길이를 나타낼 때는 더 큰 단위가 필요해요. 이때 사용하는 단위가 m(미터)예요. 긴 길이를 잴 때는 주로 줄자를 사용해요. 줄자는 쓰임에 따라 3 m, 5 m, 50 m 등으로 길게 만들어 한 번에 긴 길이를 잴 수 있어요.

개념연결 | m 단위로 길이 재기

운동장처럼 긴 길이는 줄자를 이용해 잴 수 있어요. 줄자에는 m(미터)와 cm(센티미터)가 함께 표시되어 있어서 길이를 더 정확하게 잴 수 있어요.

한 줄 수학 주변에 있는 물건이나 공간의 길이를 재고, 몇 m 몇 cm로 나타낼 수 있어요.

2월 14일

8+6=□

수와 연산 ▶ 덧셈과 뺄셈

뺄셈식
뺄셈 기호(-)와 등호(=)를 써서 나타낸 식

뺄셈식은 뺄셈 기호(-)와 등호(=)를 사용하여 나타낸 식을 말해요.
빼기는 '-'로, 같다는 '='로 나타내요.

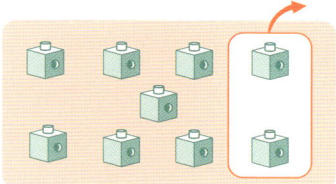

쓰기) 9-2=7
읽기) 9 빼기 2는 7과 같습니다.
9와 2의 차는 7입니다.

개념연결 | 뺄셈이 이루어지는 상황

4-1=3
남아 있는 양을 구하는 상황

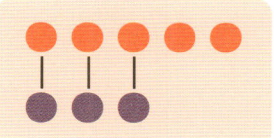

5-3=2
두 양의 차를 구하는 상황

🐰 한 줄 수학) 9-2=7 ↔ 7+2=9와 같이 뺄셈식을 덧셈식으로 나타낼 수 있어요.

11월 13일

8+8-3=□

도형과 측정 ▶ 길이 재기

미터(m)
길이를 재는 단위 1 m=100 cm

내 키는 1 m 20 cm야.

미터(m)와 센티미터(cm)는 세계 많은 나라에서 사용되는 길이 단위예요. 우리가 사용하는 자에는 길이를 나타내는 눈금이 있고 눈금 한 칸의 길이는 1 cm예요. 1 cm가 100인 길이를 1 m라고 해요. 길이가 긴 줄자에는 1 m 단위도 표시되어 있어요.

개념연결 120 cm = 1 m 20 cm

1m = 100cm

1 m는 100 cm와 같아요. 120 cm는 1 m보다 20 cm 더 긴 길이예요. 따라서 120 cm는 1 m 20 cm와 같아요. 1 m 20 cm는 1미터 20센티미터라고 읽어요.

 한 줄 수학   운동장의 가로와 같이 긴 길이를 재어서 나타낼 때 미터(m)를 사용해요.

2월 15일

5 - 10 - □ - 20

수와 연산 ▶ 덧셈과 뺄셈

그림을 그려 뺄셈하기

뺄셈 상황을 그림으로 나타낼 수 있을까?

뺄셈은 큰 수에서 작은 수를 빼거나 두 수의 차를 구하는 계산이에요.
뺄셈에서 두 수를 ○, △, / 등 기호를 써서 나타내면
뺄셈 과정을 눈으로 쉽게 확인할 수 있어 편리해요.

개념연결 | 뺄셈 상황을 그림으로 나타내기

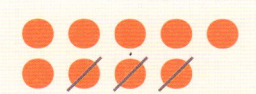

9-3=□

처음 수는 ○, 빼는 수는 /를 써서 그림과 같이 나타낼 수 있어요. 그림에서 9-3=6이므로 남은 수는 6이에요.

한 줄 수학 뺄셈 상황: 남은 수를 구하거나 두 수의 차를 비교하는 경우

11월 12일

3×4=☐

수와 연산 ▸ 곱셈구구

1단 곱셈구구
1단 곱셈구구를 알아볼까?

1단 곱셈표

×	0	1	2	3	4	5	6	7	8	9
1	0	1	2	3	4	5	6	7	8	9

1×2는 한 개씩 묶음 2개이고, 1×3은 한 개씩 묶음 3개예요.
이처럼 1에 어떤 수를 곱해도 그 결과는 어떤 수예요.
반대로 5×1과 같이 어떤 수에 1을 곱해도 마찬가지예요.
어떤 수를 한 묶음으로 보면 묶음이 한 개뿐이므로
(어떤 수)×1=(어떤 수)예요.

개념연결 4×1=1×4

4 × 1 = 4   1 × 4 = 4

당근 4개씩 1묶음은 4개이고, 당근 1개씩 4묶음도 4개예요.
이처럼 (어떤 수)×1 = (어떤 수), 1×(어떤 수) = (어떤 수)이므로 4×1=1×4=4예요.

한 줄 수학
1단 곱셈구구에서는 곱하는 수가 1씩 커지면 곱도 1씩 커져요.

2월 16일

4 - 8 - 12 - □ - 20

수학 일기
생활에서 수학을 찾아볼까?

우리가 사는 세상은 수학으로 가득해요. 그런데 물이나 공기의 소중함을 잘 느끼지 못하는 것처럼 수학이 왜 중요한지, 우리 생활 어디에 쓰이는지 막상 찾아보려고 하면 쉽지 않아요.

수학 일기는 학교에서 배운 수학이나 생활에서 경험한 수학을 일기처럼 쓰는 거예요. 수학 일기를 쓰다 보면 지금까지 주변에서 보이지 않던 수학이 하나씩 보이기 시작할 거예요. 또 생활 속에서 수학을 발견하려는 습관도 갖게 된답니다.

개념연결 | 수학 일기를 쓰는 방법

수학 일기를 쓸 때 특별히 정해진 방법은 없어요. 학교에서 배운 수학이나 오늘 하루를 돌아보고 수학이랑 연결 지을 수 있는 내용을 자유롭게 쓰면 돼요. 그림을 그려도 좋아요.

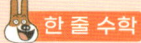 **한 줄 수학** 오늘 하루 동안 어떤 수학을 만났나요? 특별한 경험이 바로 떠오르지 않아도 괜찮아요. 수학은 우리 주변 곳곳에 숨어 있으니 지금 바로 우리 주변의 수학을 찾아보세요.

11월 11일

3+4+4=□

모양 채우기
모양을 채워 볼까?

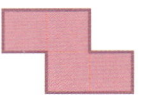 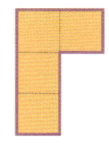 

위 조각 중 서로 다른 조각 2개를 골라 아래 모양을 만들었어요.
어떻게 만들었는지 아래 모양에 색칠해 보세요.
(단, 모양을 돌릴 수 있어요.)

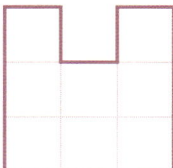 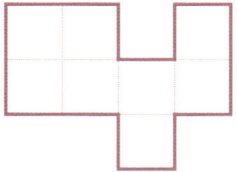

2월 17일

열일곱 → □

가로세로 숫자 퍼즐

빈칸에 알맞은 숫자를 넣어 퍼즐을 완성해 보세요.

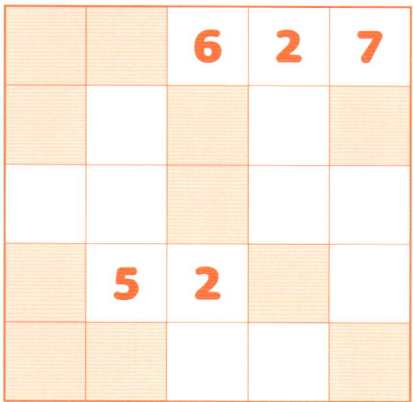

가로 열쇠) 41 83 96
세로 열쇠) 29 37 238 815

수에 공통으로 들어 있는 숫자를 찾아보아요.

11월 10일

2+2+2+2+2=□

모양 채우기
모양을 채워 볼까?

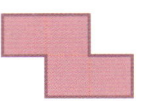 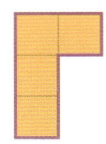 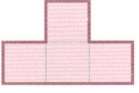

위 조각 중 서로 다른 조각 2개를 골라 아래 모양을 만들었어요.
어떻게 만들었는지 아래 모양에 색칠해 보세요.
(단, 모양을 돌릴 수 있어요.)

 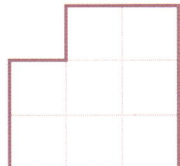

가로세로 숫자 퍼즐

빈칸에 알맞은 숫자를 넣어 퍼즐을 완성해 보세요.

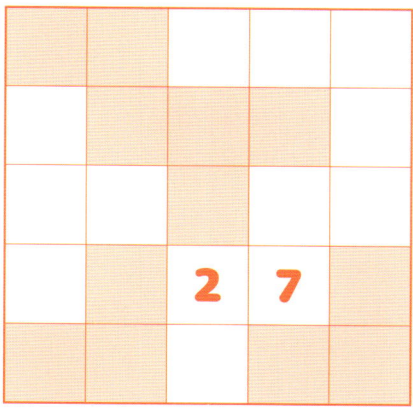

가로 열쇠) 65　16　382
세로 열쇠) 67　24　205　916

정답

11월 9일

3×3=□

수학이 없다면?
이 세상에 수학이 없다면 어떨까?

갑자기 수학이 사라진다면 어떻게 될까요?

먼저 날짜와 시간이 사라져요.
내 생일도 알 수 없고, 친구와 만나는 약속도 정할 수 없어요.

돈도 사라질 거예요.
물건을 팔지 않을 것이고, 물건을 사는 것도 불가능해요.
돈을 낼 수 없으니 버스, 기차와 같은 교통수단도 사라지겠죠.

길이를 재거나 무게, 높이를 잴 수도 없어요.
건물을 지어도 삐뚤삐뚤하여 금방 무너질지 몰라요.

수학이 없으면 자료를 정리할 수도 없어요.
학생들이 좋아하는 음식을 알 수 없어 점심으로 학생들이 싫어하는 음식만 나올 수도 있어요.

수학이 없다면 텔레비전은 물론 스마트폰도 사라지고, 데이터를 저장할 수 없으니 집에서 영화를 보거나 음악을 들을 수도 없게 될 거예요.

그런데 정말 다행이에요.
우리는 학교에서 수학을 배우고,
수학은 늘 우리 곁에 있으니까요.

한 줄 수학 수학은 정말 소중해요. 주변에서 수학을 찾아보고 수학과 친해져요.

손가락셈

손가락도 계산 도구일까?

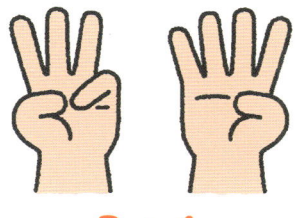

3 + 4

손가락을 이용한 계산 방법을 **손가락셈**이라고 해요.
간단한 덧셈이나 뺄셈을 계산할 때는 물론,
복잡한 계산을 할 때도 도움이 될 수 있어요.
계산할 때 바둑돌, 공깃돌, 연결 모형 등을 이용하기도 하지만,
언제나 이용할 수 있는 손가락은 가장 편리한 계산 도구라고 할 수 있어요.

개념연결 | 필산

필산은 종이 위에 연필로 숫자를 써서 계산하는 방법이에요. 이때 정해진 계산 방법을 알고 계산 순서에 맞게 계산해요. 복잡한 필산을 할 때 손가락셈이 도움이 되기도 해요.

한 줄 수학 계산 도구: 계산기, 공깃돌 등 계산할 때 사용할 수 있는 도구

11월 8일

12+□=20

수와 연산 ▸ 곱셈구구

(어떤 수)×0=0
어떤 수와 0의 곱은 왜 항상 0일까?

4×3=12는 4씩 3묶음을 나타내는 곱셈이에요.
같은 방법으로 6×0을 나타내면 6씩 0묶음이 돼요.
또 0×6은 0개씩 6묶음이어서 0×6=0이에요.
이처럼 어떤 수와 0의 곱은 항상 0이 돼요.

개념연결 0×0=?

0×0은 0개씩 0묶음, 즉 아무것도 없는 것을 뜻해요. 0과 어떤 수를 곱해도 그 결과는 항상 0이에요. 따라서 0×0도 0이에요.

 한 줄 수학 0은 덧셈, 뺄셈, 곱셈 등에 쓰여요. 0을 사용하여 여러 가지 계산을 해 보세요.

2월 20일

⑩⑩ → □

수와 연산 ▶ 덧셈과 뺄셈

가르기 하여 뺄셈하기

가르기와 뺄셈은 어떤 관계가 있을까?

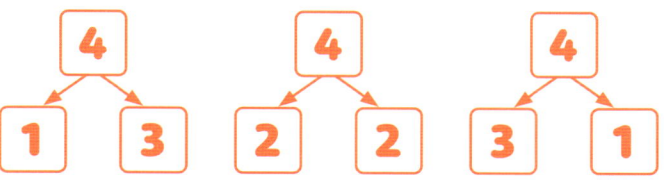

하나의 수를 두 수로 가르는 것을 **가르기**라고 합니다.
4는 1과 3, 2와 2, 3과 1로 가르기 할 수 있어요.
이것을 뺄셈식으로 4-1=3, 4-2=2, 4-3=1과 같이 나타낼 수 있어요.

개념연결 가르기로 덧셈하기

7을 3과 4로 가르기 할 수 있어요.
이것을 덧셈식으로 나타내면 3+4=7, 4+3=7입니다.

(뺄셈식) 7-3=4 ⇔ (덧셈식) 3+4=7 4+3=7

 한 줄 수학 모으기와 가르기는 덧셈과 뺄셈을 하는 데 도움이 돼요.

11월 7일

칠교 조각의 수: □개

수와 연산 ▸ 곱셈구구

곱셈표

두 수의 곱셈 결과를 표로 나타낸 것

×	0	1	2	3	4	5	6	7	8	9
0	0	0	0	0	0	0	0	0	0	0
1	0	1	2	3	4	5	6	7	8	9
2	0	2	4	6	8	10	12	14	16	18
3	0	3	6	9	12	15	18	21	24	27
4	0	4	8	12	16	20	24	28	32	36
5	0	5	10	15	20	25	30	35	40	45
6	0	6	12	18	24	30	36	42	48	54
7	0	7	14	21	28	35	42	49	56	63
8	0	8	16	24	32	40	48	56	64	72
9	0	9	18	27	36	45	54	63	72	81

곱셈표의 가로줄 ➡ 과 세로줄 ⬇ 이 만나는 곳에 두 수를 곱한 값이 적혀 있어요. 6과 4의 곱은 24입니다.

$6 \times 4 = 24$
$4 \times 6 = 24$

개념연결 $4 \times 7 = 7 \times 4$

4×7

7×4

4개씩 7줄과 7개씩 4줄은 같은 수를 나타내요. 따라서 4×7과 7×4의 계산 결과는 같아요.

한 줄 수학 곱셈에서 두 수를 바꾸어 계산해도 두 수의 곱은 같아요.

2월 21일

20보다 1만큼 더 큰 수: □

도형과 측정 ▶ 비교하기

길이
어떤 물건의 한쪽 끝에서 다른 쪽까지의 거리

연필이 짧다   자가 길다

길이는 물건의 긴 정도를 나타내는 말이에요. 두 물건의 길이를 비교할 때는 '~이 더 길다.', '~이 더 짧다.'와 같은 말을 써요.

두 물건의 길이를 비교하는 말을 써서 나타낼 수 있어요.
→ 연필은 지우개보다 더 깁니다.
→ 지우개는 연필보다 더 짧습니다.

개념연결 | 세 물건의 길이 비교하기

셋 이상의 물건의 길이를 비교할 때는 '가장'이라는 말을 붙여서 나타내요.
- 지우개가 가장 짧습니다.
- 가위가 가장 깁니다.

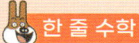 두 물건을 직접 맞대어 길이를 비교할 수도 있고, 자로 직접 길이를 재어 비교할 수도 있어요.

11월 6일

2×3=□

수와 연산 ▸ 곱셈구구

9단 곱셈구구

9단 곱셈구구를 알아볼까?

$9 \times 1 = 9$
$9 \times 2 = 18$
$9 \times 3 = 27$
$9 \times 4 = 36$
$9 \times 5 = 45$
$9 \times 6 = 54$
$9 \times 7 = 63$
$9 \times 8 = 72$
$9 \times 9 = 81$

9단 곱셈구구에서 곱하는 수가 1씩 커지면 그 곱은 9씩 커져요.
또 곱의 십의 자리 수와 일의 자리 수의 합은 항상 9로 똑같아요.

개념연결 | 손가락 구구단

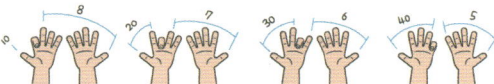

손가락을 이용하여 9단 곱셈구구를 익힐 수 있어요. 접은 손가락을 기준으로 왼쪽의 손가락은 십의 자리 수를, 오른쪽의 손가락은 일의 자리 수를 나타내요.

한 줄 수학 손가락은 좋은 수학 도구예요. 손가락으로 셈을 해 보세요.

2월 22일

⑩⑩①① → □

도형과 측정 ▶ 비교하기

거리

서로 떨어져 있는 두 점 사이를 잇는 선분의 길이

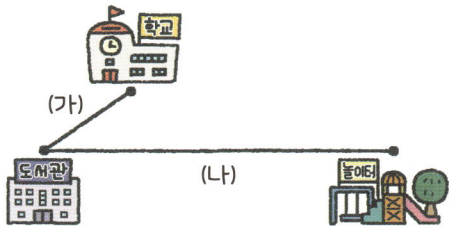

거리는 한 점에서 다른 점까지 얼마나 떨어져 있는지를 나타내는 말이에요.
거리를 비교할 때는 '~이 더 가깝다.', '~이 더 멀다.'와 같은 말을 써요.
(가)와 (나)의 거리를 비교할 때 비교하는 말을 사용하여 나타낼 수 있어요.
→ (가)의 거리가 (나)의 거리보다 더 가깝습니다.
→ (나)의 거리가 (가)의 거리보다 더 멉니다.

개념연결 가까운 길 찾기

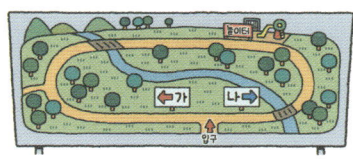

지도는 땅의 모양을 간단히 나타낸 그림이에요. 지도를 보면 어느 길이 더 가까운 길인지 알 수 있어요. 공원 입구에서 놀이터까지 더 가까운 길은 나➡ 길이에요.

 한 줄 수학   멀리 돌아가지 않고 목적지까지 빠르게 가는 길을 지름길이라고 해요. 거리를 비교할 수 있으면 더 가까운 지름길을 찾을 수 있어요.

11월 5일

7×□=35

수와 연산 ▶ 곱셈구구

7단 곱셈구구

7단 곱셈구구를 알아볼까?

7 × 1 = 7
7 × 2 = 14
7 × 3 = 21
7 × 4 = 28
7 × 5 = 35
7 × 6 = 42
7 × 7 = 49
7 × 8 = 56
7 × 9 = 63

7단 곱셈구구에서 곱하는 수가 1씩 커지면 그 곱은 7씩 커져요.

개념연결 | 덧셈으로 곱셈하기

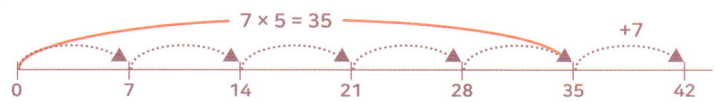

7×6 또는 6×7을 알지 못할 때 7×5 또는 5×7을 구한 다음 7을 더하는 방법으로 구할 수 있어요.

한 줄 수학 여러 가지 방법으로 곱셈을 계산할 수 있어요.

2월 23일

스물셋 → □

전화기와 계산기

전화기와 계산기의 수 배열은 왜 다를까?

컴퓨터 키보드나 계산기의 수 배열은 1, 2, 3이 아래에 있지만 전화기의 수 배열은 1, 2, 3이 위에 있어요. 왜 이런 차이가 있을까요?

그 이유는 전화기와 계산기의 쓰임이 서로 다르기 때문이에요.

전화기는 숫자를 차례대로 배열하여 전화번호를 누르기 편리하도록 만들어졌어요. 숫자 단추를 누르는 전화기를 처음 만들 때, 사람들이 어떤 수 배열을 좋아하는지 조사하여 지금 사용하는 수 배열이 만들어졌어요.

계산기는 숫자 단추를 눌러 계산을 편리하게 해 주는 도구예요. 계산기로 계산할 때 주로 0, 1, 2, 3을 많이 사용해요. 그래서 가장 많이 사용하는 숫자를 손가락과 가까이 배열한 거예요.

한 줄 수학 컴퓨터 키보드의 수 배열은 계산기의 수 배열에서 왔어요.

2×2=□

모양 나누기
모양을 똑같이 셋으로 나누어 볼까?

왼쪽 모양을 3개씩 사용하여 오른쪽 모양을 만들었어요. 어떻게 만들었는지 오른쪽 모양에 선으로 표시해 보세요.(단, 모양을 돌릴 수 있어요.)

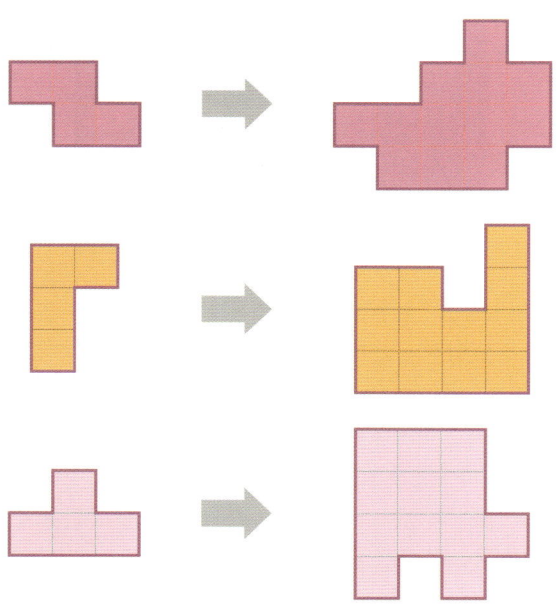

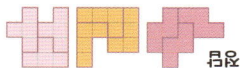

2월 24일

스물넷 → □

가로세로 숫자 퍼즐

수를 넣어 퍼즐을 완성해 보세요.

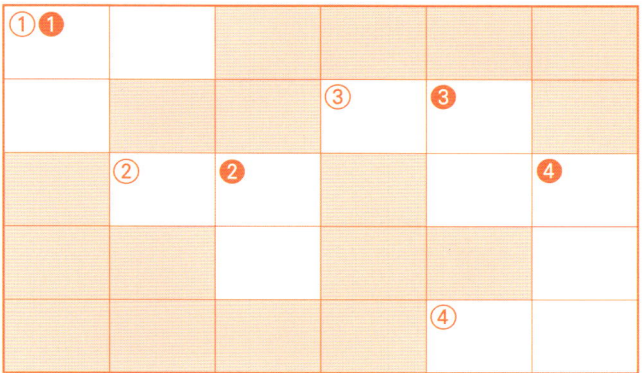

가로 열쇠

① 49보다 1만큼 더 큰 수는?
② 72-29
③ 가장 큰 두 자리 수는?
④ 8×5

세로 열쇠

❶ 17+33
❷ 45-○-25-15
❸ 92-○-96-98
❹ 가장 작은 세 자리 수는?

정답

5+5+5=5×□

모양 나누기
모양을 똑같이 나누어 볼까?

왼쪽 모양을 2개씩 사용하여 오른쪽 모양을 만들었어요. 어떻게 만들었는지 오른쪽 모양에 선으로 표시해 보세요.(단, 모양을 돌릴 수 있어요.)

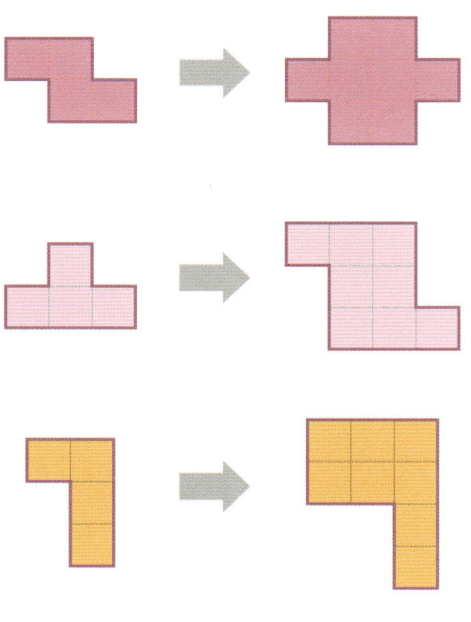

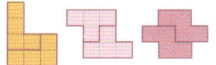

2월 25일

21 - 23 - □ - 27

수 배열판
50까지의 수에서 규칙 찾기

1부터 50까지의 수를 차례로 배열했어요. 빈칸에 알맞은 수를 써넣으세요.

1					
	13		16		20
	42			47	50

50까지의 수의 위치를 확인하면 빈칸을 채울 수 있어요.

11월 2일

□×5=10

뫼비우스의 띠
안팎이 없는 종이

　종이는 앞면과 뒷면으로 구분할 수 있어요. 종이띠를 둥글게 말아 붙여도 안쪽 면과 바깥 면이 생겨요. 어느 여름날 수학자 뫼비우스는 아주 놀라운 발견을 하게 돼요. 그는 파리를 잡으려고 종이띠의 양면에 접착제를 바른 다음 한 번 꼬아서 양 끝을 붙이고 잠을 잤어요. 다음 날 아침 뫼비우스는 그 띠를 유심히 관찰하다가 띠의 면이 하나뿐인 것을 발견하게 되었어요. 이 도형을 **뫼비우스의 띠**라고 불러요.

개념연결 | 뫼비우스의 띠 만들기

종이띠를 한 번 꼬아요.　　종이띠의 양 끝을 서로 붙여요.　　띠의 가운데를 따라 선을 그어 보세요.

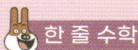 뫼비우스의 띠에 연필로 그은 선을 가로로 잘라 보세요.

2월 26일

스물여섯 → □

도형과 측정 ▶ 비교하기

높이
어떤 물건의 높은 정도

높이는 물건이 바닥으로부터 얼마나 높은가를 나타내는 말이에요.
비행기나 열기구는 하늘 높이 떠서 움직여요.
이때 '비행기가 열기구보다 더 높다.' 또는
'열기구가 비행기보다 더 낮다.'라고 말해요.

개념연결 건물의 높이 비교하기

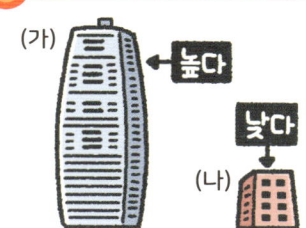

두 건물의 높이를 비교할 때는 '(가) 건물이 (나) 건물보다 더 높다.' 또는 '(나) 건물이 (가) 건물보다 더 낮다.'라는 말을 사용해요. 셋 이상의 높이를 비교할 때는 '~이 가장 높다.' 또는 '~이 가장 낮다.'라는 표현을 사용해요.

한 줄 수학 깊이: 수영장, 바다에서처럼 위에서 밑바닥까지의 거리

11월 1일

□주일=7일

수와 연산 ▶ 곱셈구구

8단 곱셈구구
8단 곱셈구구를 알아볼까?

8 × 1 = 8
8 × 2 = 16
8 × 3 = 24
8 × 4 = 32
8 × 5 = 40
8 × 6 = 48
8 × 7 = 56
8 × 8 = 64
8 × 9 = 72

8단 곱셈구구에서 곱하는 수가 1씩 커지면 그 곱은 8씩 커져요.

개념연결 8×5=5×8

8의 5배
=
5의 8배

전체 개수는 같아도 묶음을 묶는 방법에 따라 곱셈식이 달라져요. 그림과 같이 8개씩 묶으면 8의 5배이지만 5개씩 묶으면 5의 8배가 돼요.

한 줄 수학 8×6은 8씩 6묶음이므로, 8씩 3묶음을 두 번 더하는 방법으로 구할 수 있어요.

25 - 26 - □ - 28

도형과 측정 ▶ 비교하기

무게
어떤 물건의 무거운 정도

무겁다 가볍다

무게는 물체의 무거운 정도를 나타내는 말이에요. 무게는 저울로 잴 수 있지만 두 대상을 직접 비교할 수도 있어요. 소와 염소의 무게를 비교할 때, '소는 염소보다 무겁다.' 또는 '염소는 소보다 가볍다.'라고 말해요.

  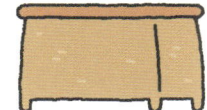

세 물건의 무게를 비교하여 나타낼 수 있어요.
→ 필통이 가장 가볍습니다.
→ 책상이 가장 무겁습니다.

개념연결 크기가 크면 무거운 걸까?

크기는 크지만 무게는 가벼운 물건도 있어요. 얼굴만큼 커다란 솜사탕은 가볍지만, 운동할 때 손으로 드는 운동 기구는 크기가 작아도 무거워요.

한 줄 수학 저울: 무게를 재는 기구

11월

2월 28일

스물여덟 → □

도형과 측정 ▶ 비교하기

넓이
어떤 평면의 넓은 정도

넓다, **좁다**는 넓이를 나타내는 말이에요.
두 물건을 서로 맞대어 넓이를 비교할 수 있어요.
'수첩은 공책보다 더 좁습니다.', '공책은 수첩보다 더 넓습니다.'와 같이
비교하는 말을 써서 나타낼 수 있어요.

개념연결 세 물건의 넓이 비교하기

세 가지 이상의 물건의 넓이를 비교할 때는 '가장'이라는 말을 붙여서 나타내요.
- 수첩이 가장 좁습니다.
- 스케치북이 가장 넓습니다.

한 줄 수학 넓다 ↔ 좁다: 넓이를 나타내는 말

10월 31일

□+40=71

수와 연산 ▶ 곱셈구구

4단 곱셈구구

4단 곱셈구구를 알아볼까?

4 × 1 = 4
4 × 2 = 8
4 × 3 = 12
4 × 4 = 16
4 × 5 = 20
4 × 6 = 24
4 × 7 = 28
4 × 8 = 32
4 × 9 = 36

4단 곱셈구구에서 곱하는 수가 1씩 커지면 그 곱은 4씩 커져요.

개념연결 | 수직선에 나타내기

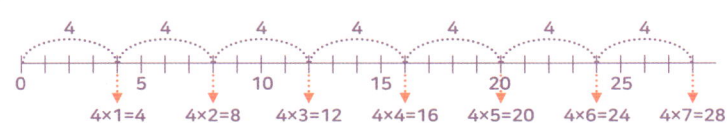

4×1=4 4×2=8 4×3=12 4×4=16 4×5=20 4×6=24 4×7=28

수직선을 이용하여 곱셈구구를 할 수 있어요. 4단 곱셈구구는 4칸씩 뛰어 세어요.

한 줄 수학 일정한 간격으로 눈금을 그어 수를 나타낸 직선을 수직선이라고 해요.

3월

10월 30일

6×5=□

수와 연산 ▶ 곱셈구구

6단 곱셈구구

6단 곱셈구구를 알아볼까?

6 × 1 = 6
6 × 2 = 12
6 × 3 = 18
6 × 4 = 24
6 × 5 = 30
6 × 6 = 36
6 × 7 = 42
6 × 8 = 48
6 × 9 = 54

6단 곱셈구구에서 곱하는 수가 1씩 커지면 그 곱은 6씩 커져요.

개념연결 6×5=□, 5×6=□

6의 5배
=
5의 6배

6×5는 5×6과 계산 결과가 같아요. 6×5를 계산할 때 5×6으로 바꾸어 계산할 수 있어요.

🐰 한 줄 수학   6×5=□, 5×6=□와 같이 두 수를 바꾸어 계산할 수 있어요.

3월 1일 — 삼일절: 3월 □일

도형과 측정 ▶ 비교하기

담을 수 있는 양

어떤 그릇에 더 많이 담을 수 있을까?

들이는 어떤 그릇이 담을 수 있는 양을 나타내는 말이에요.
작은 물병과 큰 물통이 있으면 당연히 큰 물통에
더 많은 양의 물을 담을 수 있겠지요.
이때 '큰 물통은 작은 물통보다
담을 수 있는 양이 더 많습니다.'라고 말해요.

개념연결 들이 비교하기

그릇의 모양이나 크기가 다르면 어느 그릇이 더 많이 담을 수 있는지 한눈에 알기 어려워요. 이때 한 그릇에 물을 가득 담은 다음 다른 그릇에 부어서 물이 넘치는지 모자라는지 확인하거나 크기가 같은 컵을 이용하는 방법이 있어요.

한 줄 수학 들이: 어떤 그릇이 담을 수 있는 양

10월 29일

53-24=□

수와 연산 ▸ 곱셈구구

3단 곱셈구구
3단 곱셈구구를 알아볼까?

3 × 1	= 3
3 × 2	= 6
3 × 3	= 9
3 × 4	= 12
3 × 5	= 15
3 × 6	= 18
3 × 7	= 21
3 × 8	= 24
3 × 9	= 27

3단 곱셈구구에서 곱하는 수가 1씩 커지면 그 곱은 3씩 커져요.

개념연결 3×4는 3×3보다 3만큼 더 커요.

3단 곱셈구구에서는 곱하는 수가 1씩 커지면 그 곱은 3씩 커져요. 3×3=9이고 3×4=12이므로 3×4가 3×3보다 3만큼 더 커요.

한 줄 수학 3×5가 기억나지 않을 때 3×4를 먼저 구한 다음 3을 더하는 방법으로 알 수 있어요.

숫자
고대 문명의 숫자

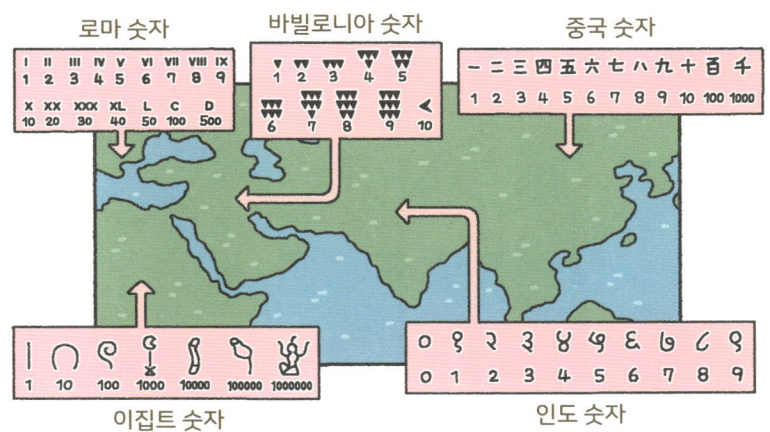

숫자는 수를 나타내기 위한 기호예요.
아주 오래전부터 사람들은 숫자를 만들어 쓰기 시작했어요.
이집트에서는 연꽃, 밧줄 같은 사물의 모양을 본뜬 그림으로 수를 표현했고,
바빌로니아에서는 쐐기 모양의 숫자를 사용했어요.
로마인은 I, V, X 같은 알파벳을 이용해 수를 나타냈고
중국에서는 한자를 써서 수를 나타냈어요.
우리가 지금 가장 많이 사용하는 숫자 1, 2, 3, ……은 인도에서 처음
만들어져 아라비아 상인들을 통해 전 세계로 알려지게 되었어요.

한 줄 수학 인도-아라비아 숫자는 0, 1, 2, 3, 4, 5, 6, 7, 8, 9 총 10개의 숫자로 이루어져 있어요.

10월 28일

20+8=□

수를 찾아라
곱셈구구에서 빠진 수를 찾아볼까?

울타리를 보고 곤충이 놓인 자리에 알맞은 수를 구해 보세요.

수 배열판
50까지의 수에서 규칙 찾기

1부터 50까지 수를 차례대로 배열했어요. 빈칸에 알맞은 수를 써넣으세요.

	12							19	20
			25		27				
				36					
	42							49	

50까지의 수의 위치를 확인하면 빈칸을 채울 수 있어요.

10월 27일

12+15=□

수를 찾아라
규칙에서 빠진 수를 찾아볼까?

각 울타리는 세로 방향으로 규칙을 갖고 있어요.
꽃이 놓인 자리에 알맞은 수를 구해 보세요.

정답 🌸10 🌺12 ✳70 🌼11 🌷91 ❀500

3월 4일

2+2=□

수 배열판
100도표에서 규칙 찾기

100도표를 잘라 조각으로 만들었어요. 빈칸에 알맞은 수를 써넣으세요.

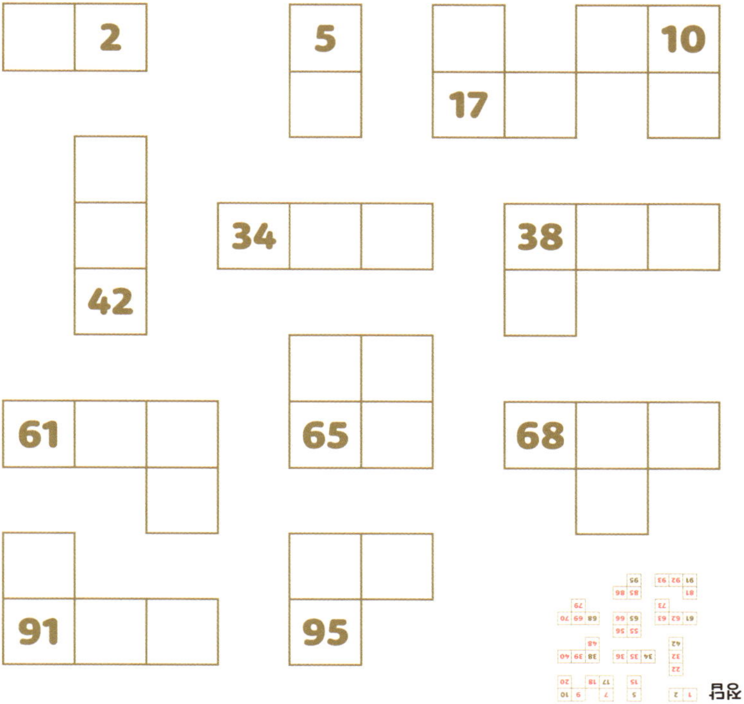

| | 2 |

| 5 | |

| | | 10 |
| | 17 | |

| |
| |
| 42 |

| 34 | | |

| 38 | | |

| 61 | | |

| 65 | |
| | |

| 68 | | |

| 91 | | |

| 95 | |

한 줄 수학 100도표에서 수의 위치를 확인하면 빈칸을 채울 수 있어요.

10월 26일

□-6=20

모양 구분하기
피자 조각은 어떤 모양일까?

피자를 먹다가 피자 조각은 어떤 모양인지 궁금해졌어요.
삼각형을 닮았으니 삼각형이라고 해도 될까요?
피자 조각에서 곧은 선과 굽은 선을 찾을 수 있어요.
삼각형은 곧은 선 3개로 둘러싸여 있어야 하는데,
피자 조각에는 굽은 선이 있어서 삼각형이라고 할 수 없어요.

개념연결 삼각형

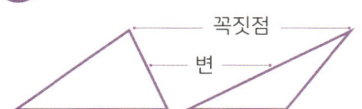

삼각형은 곧은 선 3개로 둘러싸여 있는 도형이에요. 이때 곧은 선을 변이라고 해요.

한 줄 수학 삼각형은 곧은 선 3개로 둘러싸여 있고, 사각형은 곧은 선 4개로 둘러싸여 있어요.

3월 5일

다섯, 오 → □

도형과 측정 ▶ 비교하기

키
사람이나 동물이 똑바로 섰을 때 몸의 길이

동물의 키

키는 사람이나 동물이 똑바로 서 있을 때 발바닥에서 머리끝까지의 길이를 말해요. 소나 말처럼 네 발로 서는 동물은 두 발로 서는 사람과 다른 방법으로 키를 재요.

키를 비교할 때 직접 맞대어 보면 누가 더 큰지 쉽게 알 수 있어요. 이렇게 서로 맞대어 비교하는 것을 '직접 비교하기'라고 해요.

개념연결 펭귄의 키 재기

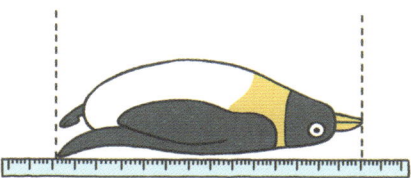

펭귄은 평평한 곳에 눕혀서 키를 재요. 펭귄의 키는 부리 끝에서 꼬리 끝까지의 길이예요.

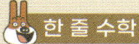 한 줄 수학 키를 비교할 때 ' ~가 ~보다 키가 더 크다(작다).'라고 해요.

10월 25일

5×5=□

수와 연산 ▸ 곱셈구구

5단 곱셈구구
5단 곱셈구구를 알아볼까?

$5 \times 1 = 5$

$5 \times 2 = 10$

$5 \times 3 = 15$

$5 \times 4 = 20$

$5 \times 5 = 25$

$5 \times 6 = 30$

$5 \times 7 = 35$

$5 \times 8 = 40$

$5 \times 9 = 45$

5단 곱셈구구에서 곱하는 수가 1씩 커지면 그 곱은 5씩 커져요.

개념연결 5, 0

5단 곱셈구구의 일의 자리에는 5, 0, 5, 0, …… 이 번갈아 나타나요. 곱셈구구의 원리를 알면 곱셈구구를 보다 빨리 익힐 수 있어요.

한 줄 수학 5단 곱셈구구는 5씩 묶어 세기와 같아요.

3월 6일 10-4=□   도형과 측정 ▸ 비교하기

비교하기
일상생활에서 비교하기는 어디에 쓰일까?

일상생활에서 비교하고 싶은 대상의 길이, 높이, 무게, 넓이, 들이 등을 비교할 수 있어요. 비교하기를 하면 비교하는 대상의 특징을 이해하는 데 도움이 돼요.

마트에서 주스를 살 때 맛을 서로 비교해요. 책꽂이에 책을 정리할 때 책의 높이를 서로 비교해요. 빠른 길을 찾고 싶을 때 길의 길이를 서로 비교해요. 이처럼 비교하기는 일상생활에서 큰 도움이 돼요.

개념연결 | 비교하는 말

길이: 길다 ↔ 짧다   높이: 높다 ↔ 낮다   무게: 무겁다 ↔ 가볍다
넓이: 넓다 ↔ 좁다   담을 수 있는 양(들이): 많다 ↔ 적다

한 줄 수학 두 대상의 길이, 무게, 넓이 등을 비교할 수 있어요.

10월 24일

3×8=□

수와 연산 ▶ 곱셈구구

2단 곱셈구구
2단 곱셈구구를 알아볼까?

	2 × 1 = 2
	2 × 2 = 4
	2 × 3 = 6
	2 × 4 = 8
	2 × 5 = 10
	2 × 6 = 12
	2 × 7 = 14
	2 × 8 = 16
	2 × 9 = 18

2단 곱셈구구에서 곱하는 수가 1씩 커지면 그 곱은 2씩 커져요.

개념연결 2+2+2+2+2=2×5

2를 다섯 번 더한 것은 2 곱하기 5와 같아요. 2단 곱셈구구는 2와 한 자리 수의 곱이에요.

한 줄 수학 2단 곱셈구구에서 두 수의 곱은 항상 짝수예요.

3월 7일

수와 연산 ▶ 50까지의 수

10
9 다음 수는 무엇일까요?

0, 1, 2, 3, 4, 5, 6, 7, 8, 9, ?

9 다음 수는 9보다 1만큼 더 큰 수예요. 0부터 9까지의 수는 숫자 1개로 나타낼 수 있지만 9 다음 수는 숫자 2개가 있어야 나타낼 수 있어요.

10개씩 묶음 1개
= 10(십, 열)

9보다 1만큼 더 큰 수는
1과 0을 써서 10으로 나타내고
십 또는 **열**이라고 읽어요.
10개씩 묶음 1개는 10을 나타내요.

개념연결 | 10개씩 묶음

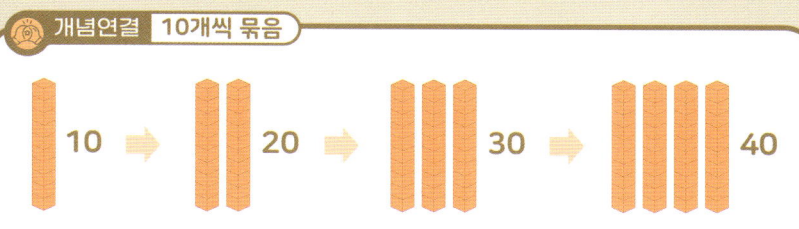

10개씩 묶음의 수를 세어 10, 20, 30, ……을 나타낼 수 있어요.

한 줄 수학 달력, 동전, 달걀판 등에서 10을 찾을 수 있어요.

10월 23일

8+9+6=□

수와 연산 ▸ 곱셈구구

곱셈구구
구구단의 다른 말

X	1	2	3	4	5	6	7	8	9
1	1	2	3	4	5	6	7	8	9
2	2	4	6	8	10	12	14	16	18
3	3	6	9	12	15	18	21	24	27
4	4	8	12	16	20	24	28	32	36
5	5	10	15	20	25	30	35	40	45
6	6	12	18	24	30	36	42	48	54
7	7	14	21	28	35	42	49	56	63
8	8	16	24	32	40	48	56	64	72
9	9	18	27	36	45	54	63	72	81

구구단을 다른 말로 곱셈구구라고 해요.
곱셈구구는 1×1=1, 1×2=2, ……, 9×9=81과 같이 1부터 9까지의 수를 서로 곱한 값이에요.
곱셈구구를 제대로 익히면 곱셈과 나눗셈을 쉽게 할 수 있어요.

개념연결 곱셈구구에서 규칙 찾기

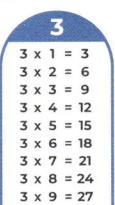

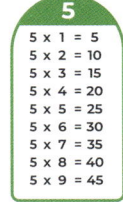

4단 곱셈구구에서 곱하는 수가 1씩 커지면 그 곱은 4씩 커지고, 5단 곱셈구구에서 곱하는 수가 1씩 커지면 그 곱은 5씩 커져요.

한 줄 수학 곱셈구구는 능숙하게 말할 수 있을 때까지 소리 내어 익히고 연습해야 해요.

3월 8일

여덟, 팔 → □

수와 연산 ▶ 50까지의 수

자연수

하나, 둘, 셋, ······ 수를 셀 때 쓰는 수

하나, 둘···.

하나, 둘, 셋, 넷, ······처럼
생활에서 물건의 개수를 세거나
첫째, 둘째, 셋째, ······처럼 순서를 매길 때
사용하는 기본적인 수를 **자연수**라고 해요.
우리가 일상생활에서 가장 많이
사용하는 수가 바로 자연수예요.

수 세기

1 하나
2 둘
3 셋
4 넷
5 다섯

순서 매기기

1 첫째   2 둘째   3 셋째   4 넷째   5 다섯째

개념연결 홀수와 짝수로 이루어진 자연수

홀수: 1, 3, 5, 7, 9, 11, ······   짝수: 2, 4, 6, 8, 10, 12, ······
자연수: 1, 2, 3, 4, 5, 6, 7, 8, 9, 10, 11, 12, ······

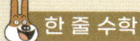 **한 줄 수학** 자연수: 1에서 시작하여 1씩 커지는 수. 수를 셀 때 자연수를 사용해요.

10월 22일

78-56=□

수와 연산 ▶ 네 자리 수

자릿값
같은 숫자인데 왜 크기가 다를까?

천 모형	백 모형	십 모형	일 모형
2000	300	70	2

수 모형을 사용해서 수를 나타낼 수 있어요.
2372는 천 모형 2개, 백 모형 3개, 십 모형 7개, 일 모형 2개로 나타내요.
이때 천의 자리 숫자와 일의 자리 숫자는 같지만 나타내는 값은 달라요.
천의 자리 숫자 2는 2000을, 일의 자리 숫자 2는 2를 나타내요.
수 모형을 보면 각 자리의 숫자가 나타내는 값을 쉽게 비교할 수 있어요.

개념연결 · 동전 모형

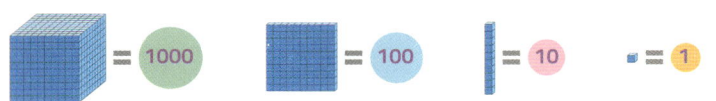

수의 크기를 공부할 때 수 모형 대신 동전 모형을 사용할 수 있어요.
동전 모형은 수 모형보다 크기가 작아서 사용하기 편리해요.

한 줄 수학 수 모형은 수의 크기와 자릿값을 이해하는 데 도움이 돼요.

3월 9일

3+3+3=□

로마 숫자
고대 로마 숫자 알아보기

I, II, III, IV, V, …… 처럼 생긴 숫자를 **로마 숫자**라고 해요.
시계에서 시각을 나타낼 때,
책에서 차례를 나타낼 때
종종 로마 숫자가 사용돼요.

I	II	III	IV	V	VI	VII	VIII	IX
1	2	3	4	5	6	7	8	9
X	XI	XII	XX	XXX	XL	L	LX	LXX
10	11	12	20	30	40	50	60	70
LXXX	XC	C	D	M				
80	90	100	500	1000				

로마 숫자에서 재미난 수학 원리를 발견할 수 있어요.

- **I**(1), **V**(5), **X**(10), **L**(50), **C**(100), **D**(500), **M**(1000)처럼 알파벳 기호를 사용해서 수를 나타내요.
- 같은 숫자를 더해서 수를 나타내요. **I**(1)이 2개 있으면 **II**(2), **X**(10)이 3개 있으면 **XXX**(30)이 돼요.
- 숫자를 빼서 수를 나타내요. **V**(5) 앞에 **I**(1)을 써서 **IV**(4), **X**(10) 앞에 **I**(1)을 써서 **IX**(9)를 나타내고, **L**(50) 앞에 **X**(10)을 써서 **XL**(40), **C**(100) 앞에 **X**(10)을 써서 **XC**(90)을 나타냈어요.

한 줄 수학 **IV**(4) 대신에 **IIII**, **IX**(9) 대신에 **VIIII**를 사용하기도 해요.

10월 21일

58-37=□

무엇이 올까?
어떤 규칙이 있을까?

알록달록 모양에서 규칙을 찾아 빈 곳에 알맞은 도형을 찾아보세요.

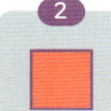

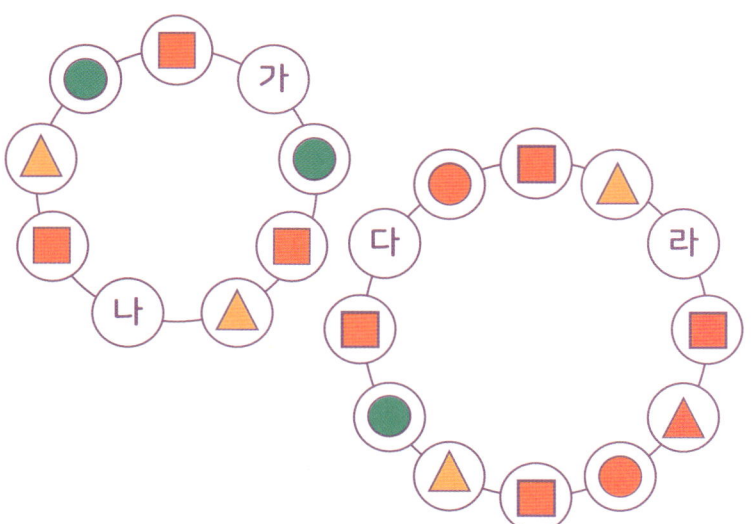

정답 가-③, 나-①, 다-①, 라-⑤, -①

3월 10일

9 다음의 수: □

수 배열판
100도표에서 규칙 찾기

100도표를 잘라 조각으로 만들었어요. 빈칸에 알맞은 수를 써넣으세요.

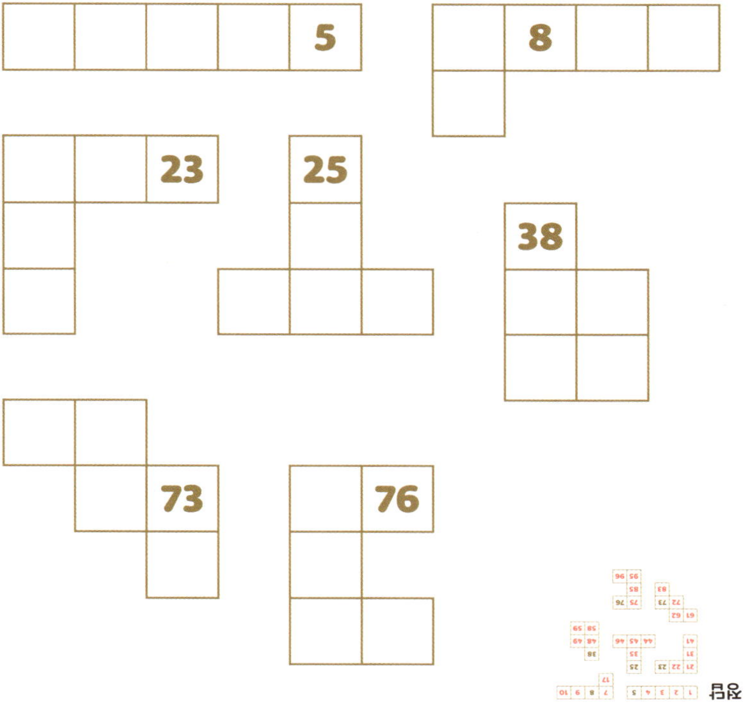

| | | | | 5 |

| 8 | | |

| | 23 |
| 25 |

| 38 |

| 73 |
| 76 |

한 줄 수학 100도표에서 수의 위치를 확인하면 빈칸을 채울 수 있어요.

324에서 숫자 2가 나타내는 값: □

규칙 찾기
동물의 순서에 어떤 규칙이 있을까?

바다 동물들이 규칙에 따라 둥글게 모였어요. 빈 곳에 알맞은 동물을 찾아보세요.

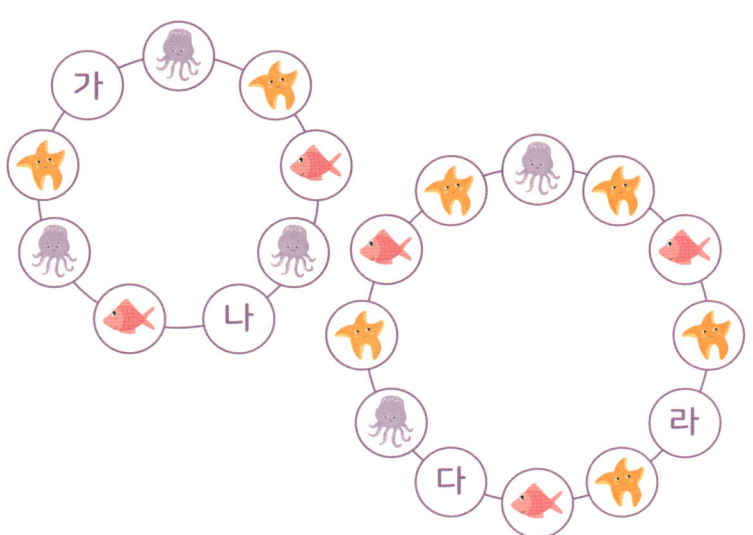

정답 가-③, 나-①, 다-②, 라-①

콩주머니 던지기

열하나 → □

콩주머니로 맞힌 곳에 ✗ 표시를 했어요.
얻은 점수는 모두 몇 점인가요?

한 줄 수학 콩주머니가 놓인 곳의 점수를 모두 더하면 얻은 점수를 구할 수 있어요.

10월 19일

□-9=10

5+4+3=?
5+4=9+3=12라고 쓰면 맞는 걸까?

세 수의 덧셈을 할 때는 두 수를 먼저 더하고 남은 수를 더해요.

이때 식을 5+4=9+3=12와 같이 쓰는 경우가 있어요.

답은 맞는 것 같은데 무언가 이상해요.

등호(=)는 양쪽이 같다는 뜻이므로

5+4=9+3은 등호의 뜻을 모르고 나타낸 잘못된 식이에요.

$$5 + 4 + 3 = 9 + 3 = 12$$
$$9$$
$$12$$

세 수의 덧셈에서는 등호를 잘 사용하여 위와 같이 덧셈을 해야 해요.

개념연결 | 세 수의 덧셈

```
    5         9
+   4    +    3
─────    ─────
    9      1 2
```

세 수의 덧셈은 세로셈을 이용하여 나타낼 수도 있어요.

한 줄 수학 세 수의 덧셈은 여러 가지 방법으로 계산하여 나타낼 수 있어요.

십몇

10개씩 묶음 1개와 낱개

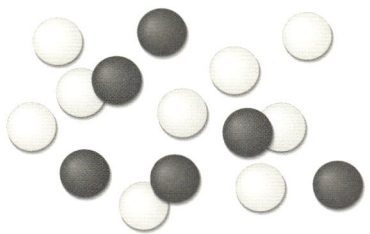

바둑돌을 세어 10개씩 묶음과 낱개로 나타내면 바둑돌의 개수를 쉽게 알 수 있어요.
이때 10개씩 묶음 1개와 낱개를 <u>십몇</u>이라고 해요.

16

십몇은 10개씩 묶음 1개와 낱개로 나타낼 수 있어요.
10개씩 묶음 1개와 낱개 6개는 16이에요.

개념연결 | 십몇의 크기 비교하기

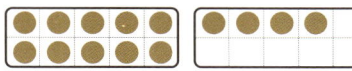

14

17

14와 17의 크기를 비교할 때 10개씩 묶음의 수가 같으므로 낱개를 비교해요.
- 14는 17보다 작습니다.   - 17은 14보다 큽니다.

한 줄 수학 십몇을 10과 몇으로 가르기 할 수 있어요.

뛰어 세기

뛰어 세기로 네 자리 수를 알아볼까?

9901	9902	9903	9904	9905	9906	9907	9908	9909	9910
9911	9912	9913	9914	9915	9916	9917	9918	9919	9920
9921	9922	9923	9924	9925	9926	9927	9928	9929	9930
9931	9932	9933	9934	9935	9936	9937	9938	9939	9940
9941	9942	9943	9944	9945	9946	9947	9948	9949	9950
9951	9952	9953	9954	9955	9956	9957	9958	9959	9960
9961	9962	9963	9964	9965	9966	9967	9968	9969	9970
9971	9972	9973	9974	9975	9976	9977	9978	9979	9980
9981	9982	9983	9984	9985	9986	9987	9988	9989	9990
9991	9992	9993	9994	9995	9996	9997	9998	9999	10000

▼ 방향으로 10씩 커지고, ▶ 방향으로 1씩 커지는 규칙이 있어요.

개념연결 1000씩 뛰어 세기

수 세기를 할 때 원하는 수만큼 뛰어 세기를 할 수 있어요.
보통 1씩, 10씩, 100씩, 1000씩 뛰어 세기를 해요.

한 줄 수학 9997 - 9987 - 9977 …… 과 같이 10씩 거꾸로 뛰어 세기를 할 수 있어요.

3월 13일

열셋 → ☐

수와 연산 ▶ 50까지의 수

십몇 알아보기
십몇은 어떻게 세고 읽을까?

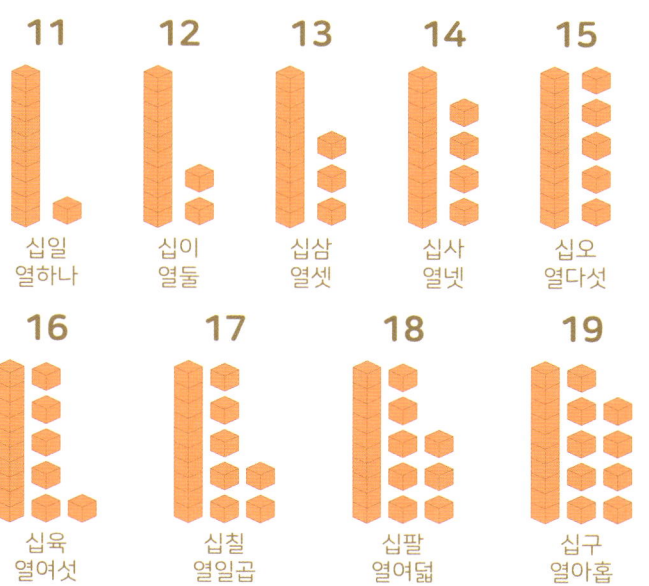

개념연결 ｜ 십몇 세기

십몇은 십보다 큰 수예요. 십몇을 셀 때는 10개씩 묶음과 낱개로 셀 수 있어요. 예를 들어 수 모형으로 10개씩 묶음 1개와 낱개 3개가 있으면 13이에요.

한 줄 수학 ｜ 수 모형으로 십몇을 10개씩 묶음 1개와 낱개로 나타낼 수 있어요.

10월 17일

9+11-3=□

수와 연산 ▶ 네 자리 수

몇천

천이 몇인 수

1000원, 2000원, 3000원, …… 과 같이
천 원짜리 돈을 한 장씩 셀 때 1000, 2000, 3000, ……으로 수를 세요.
1000이 몇인 수를 **몇천**이라고 해요.
2000은 1000이 2개인 수, 3000은 1000이 3개인 수,
4000은 1000이 4개인 수예요.

개념연결 (천 모형) = (백 모형 10개)

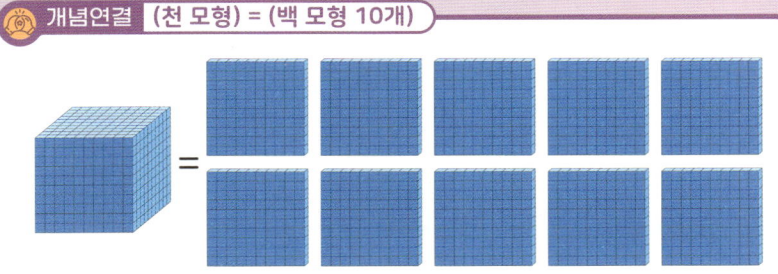

1000을 나타내는 수 모형을 천 모형이라고 해요. 천 모형은 백 모형 10개와 같아요.

 몇천은 모두 네 자리 수예요. 1000은 네 자리 수 중에서 가장 작은 수예요.

3월 14일

수학과 친해지는 날: 3월 □일

수와 연산 ▶ 50까지의 수

십몇 모으기
십몇 모으기는 어떻게 할까?

몇과 몇인 두 수를 모아 십몇을 만들 수 있어요.

두 수 9와 3을 모으기 하면 12가 돼요.

9와 3을 더할 때는 9부터 10, 11, 12와 같이

이어 세는 방법을 사용할 수도 있어요.

개념연결 십몇 모으기와 (몇)+(몇)=(십몇)

두 수를 모아 십몇이 되는 모으기는 덧셈의 기초가 돼요.

십몇 모으기 → (몇)+(몇)=(십몇)

한 줄 수학 몇과 몇을 모아 십몇을 만드는 모으기와 이어 세기는 덧셈과 뺄셈을 하는 데 도움이 돼요.

10월 16일

4×4=□

수와 연산 ▶ 네 자리 수

1000 나타내기

수 배열표에서 1000을 어떻게 나타낼까?

10	20	30	40	50	60	70	80	90	100
110	120	130	140	150	160	170	180	190	200
210	220	230	240	250	260	270	280	290	300
310	320	330	340	350	360	370	380	390	400
410	420	430	440	450	460	470	480	490	500
510	520	530	540	550	560	570	580	590	600
610	620	630	640	650	660	670	680	690	700
710	720	730	740	750	760	770	780	790	800
810	820	830	840	850	860	870	880	890	900
910	920	930	940	950	960	970	980	990	1000

▼ 방향으로 100씩 커지고, ▶ 방향으로 10씩 커지는 규칙이 있어요.

개념연결 그림으로 1000 알아보기

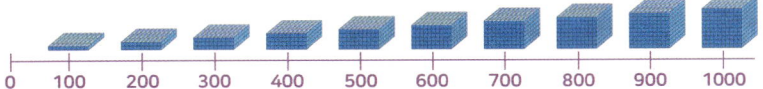

0 100 200 300 400 500 600 700 800 900 1000

수직선에서 10씩 또는 100씩 뛰어 세기로 1000을 나타낼 수 있고, 수 모형으로 10씩 또는 100씩 세어 1000을 나타낼 수 있어요.

한 줄 수학 100이 10개이면 1000이고, 1000은 천이라고 읽어요.

3월 15일 몇십 알아보기

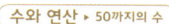

수와 연산 ▶ 50까지의 수

어떻게 몇십을 세고 읽을 수 있을까?

10개씩 묶음의 수를 **몇십**이라고 해요.
10개씩 묶음 2개를 20, 10개씩 묶음 3개를 30,
10개씩 묶음 4개를 40, 10개씩 묶음 5개를 50이라고 해요.
두 가지 방법으로 몇십을 세거나 읽을 수 있어요.

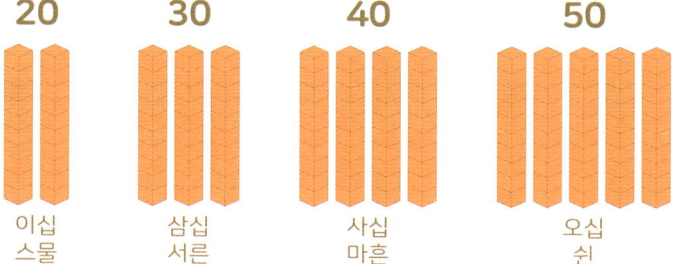

20	30	40	50
이십 스물	삼십 서른	사십 마흔	오십 쉰

개념연결 | 50보다 큰 몇십

수	60	70	80	90
읽기	육십 예순	칠십 일흔	팔십 여든	구십 아흔

🐰 **한 줄 수학** 몇십은 10개씩 묶음으로 나타낼 수 있어요.

10월 15일

5×3=□

수와 연산 ▶ 네 자리 수

네 자리 수 만들기

2, 6, 0, 7 로 가장 작은 네 자리 수를 어떻게 만들까?

수 카드로 네 자리 수를 나타낼 때 맨 앞자리에는 0이 올 수 없어요.
2, 6, 0, 7로 네 자리 수를 나타낼 때 맨 앞에 올 수 있는 수는 2, 6, 7뿐이에요.
따라서 2, 6, 0, 7로 만들 수 있는 가장 작은 수는 2067이 돼요.

개념연결 네 자리 수

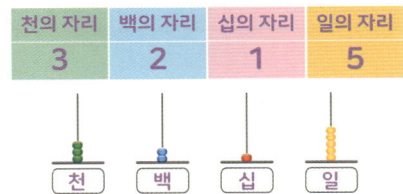

3215와 같이 몇천을 나타내는 천의 자리 수가 맨 앞에 오는 수를 네 자리 수라고 해요. 3215에서 천의 자리 수는 3이고, 3000을 나타내요. 또 3215는 삼천이백십오라고 읽어요.

한 줄 수학 수 카드를 이용하여 네 자리 수를 만들 때 천의 자리에는 0이 올 수 없어요.

3월 16일

4+4+4+4=□

수직선의 쓰임
수직선은 어떻게 쓰일까?

수를 나타낸 수직선을 이용하여 수를 세거나 덧셈, 뺄셈 등을 할 수 있어요.

1씩 뛰어 세기

3에서 1씩 뛰어 세기를 해요.

2씩 뛰어 세기

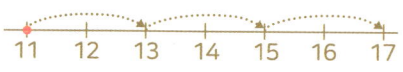

11에서 2씩 뛰어 세기를 해요.

덧셈하기

17에서 4를 더하면 21이 돼요.

뺄셈하기

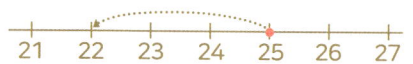

25에서 3을 빼면 22가 돼요.

🐰 **한 줄 수학**   수직선은 수를 눈으로 볼 수 있어 수를 세거나, 덧셈, 뺄셈 등 수를 계산할 때 사용하면 편리해요.

10월 14일

7+7=□

사각형 만들기
나무판을 모아 사각형을 만들어 볼까?

두 조각을 합쳐 사각형을 만들 수 있는 나무판끼리 선으로 이어 보세요.

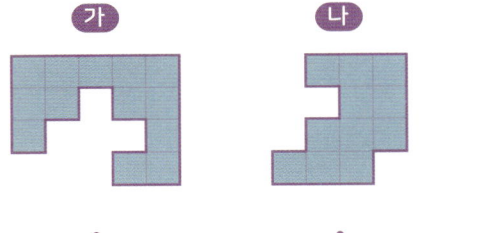

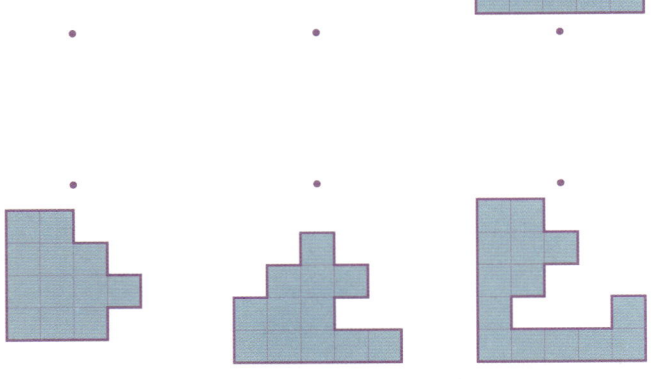

3월 17일

18보다 1만큼 더 작은 수: □

누굴까?

수의 순서대로 선을 이어 볼까?

1부터 수의 순서대로 선을 이어 보세요.

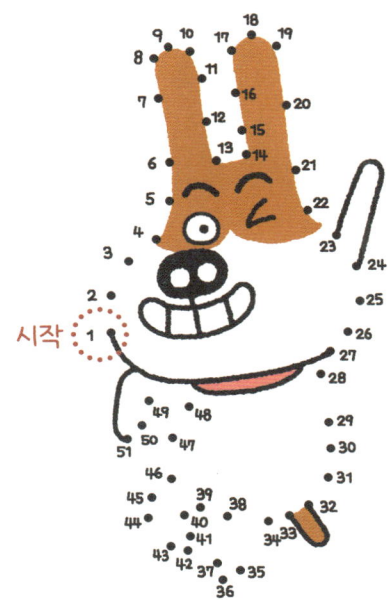

시작

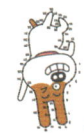

정답

한 줄 수학 — 수의 순서에 맞게 선을 이어 그림을 완성해 보세요.

10월 13일

12 - □ - 14 - 15

사각형 만들기
나무판을 모아 사각형을 만들어 볼까?

두 조각을 합쳐 사각형을 만들 수 있는 나무판끼리 선으로 이어 보세요.

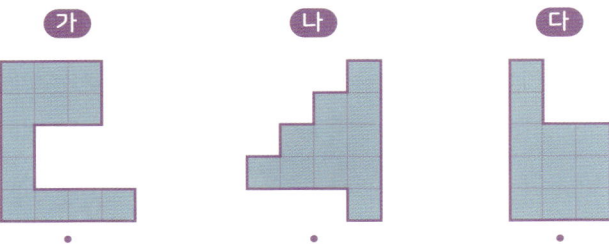

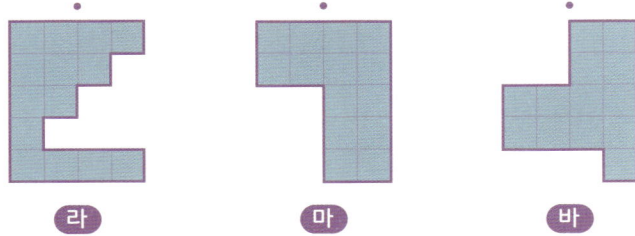

정답: 가-마, 나-바, 다-라

덧셈 퍼즐
합이 되는 두 수

각 층에 있는 두 수의 합은 탑 꼭대기의 수와 같다고 해요.
빈칸에 알맞은 수를 써넣으세요.

10월 12일

4+4+4=□

3+4=□+2

3+4=7인데 □+2는 뭘까?

등호(=)는 양쪽이 서로 같음을 나타내는 기호예요.
7+6=□, 8-2=□와 같은 식은 □에 계산 결과를 쓰면 돼요.
하지만 3+4=□+2는 3+4와 □+2가 서로 같다는 뜻이에요.
3+4=7이므로 □+2=7이고 따라서 □에 알맞은 수는 5가 돼요.

$$\underset{7}{3+4} = \underset{7}{\Box + 2}$$

개념연결 ☆ + △ = △ + ☆

2+3=3+2, 5+7=7+5처럼 덧셈에서 두 수가 바뀌어도 계산 결과는 같아요.
또 10-8=2와 6-4=2처럼 계산 결과가 같을 때 10-8=6-4와 같이 나타낼 수 있어요.
이처럼 수학에서 등호(=)는 양쪽이 같다는 뜻으로 쓰여요.

한 줄 수학 10=6+4, 4=10-6에서 등호(=)는 양쪽이 같다는 뜻으로 쓰였어요.

3월 19일

열아홉 → □

수와 연산 ▶ 50까지의 수

50까지 수의 순서

수의 순서에는 어떤 규칙이 있을까?

50까지의 수 배열표에서 규칙을 찾을 수 있어요.

1씩 커져요. ➡

1	2	3	4	5	6	7	8	9	10
11	12	13	14	15	16	17	18	19	20
21	22	23	24	25	26	27	28	29	30
31	32	33	34	35	36	37	38	39	40
41	42	43	44	45	46	47	48	49	50

10씩 커져요. ⬇

➡ 방향으로 1칸 갈 때마다 1씩 커집니다.
⬇ 방향으로 1칸 갈 때마다 10씩 커집니다.

개념연결 수 이어 가기 놀이

놀이 방법

1. 한 사람이 한 번에 수를 3개까지 말할 수 있어요.
2. 1부터 시작해서 50까지 차례대로 이어서 말해요.
3. 자기 차례에 50을 말하는 사람이 이겨요.

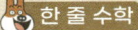 한 줄 수학   수의 순서: 1, 2, 3, 4, ……와 같이 수를 차례대로 늘어놓은 것

두 수의 크기 비교
큰 숫자가 있으면 큰 수일까?

네 자리 수에서 두 수의 크기를 비교할 때 천의 자리 수부터 비교해요.
이때 천의 자리 수가 같으면 백의 자리,
그다음 십의 자리, 일의 자리 순으로 비교해요.

 4096 ○ 4100

4096 4100
 0 < 1

4096과 4100에서 천의 자리 수는 4로 같아요. 이때 백의 자리 수를 비교하면 1이 0보다 더 커요. 따라서 4100이 4096보다 더 큰 수예요.

 두 수의 크기를 비교할 때는 맨 앞자리의 수부터 비교해요.

3월 20일

10개씩 묶음이 2개인 수: □

수와 연산 ▶ 50까지의 수

50까지 수의 크기 비교

수의 크기 비교는 어떻게 할 수 있을까?

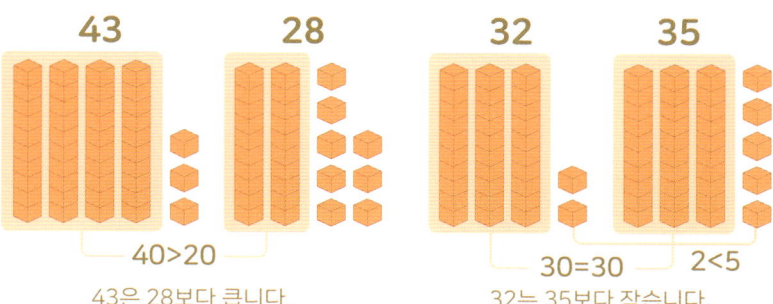

43은 28보다 큽니다. 32는 35보다 작습니다.

10개씩 묶음의 수를 비교해 묶음이 더 많은 수가 큰 수예요.
10개씩 묶음의 수가 같으면 낱개의 수를 비교해서
낱개가 더 많은 수가 큰 수예요.

개념연결 부등호

부등호를 사용하면 어떤 수가 더 큰지 간단히 기호를 써서 나타낼 수 있습니다.

43>28   32<35

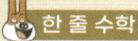 한 줄 수학   몇십몇인 두 수의 크기를 비교할 때 몇십부터 비교해요.

2개씩 5묶음 → □

수와 연산 ▸ 네 자리 수

100씩 뛰어 세면?
100씩 어떻게 뛰어 셀까?

4257 - 4357 - 4457 - 4557

뛰어 세기는 몇씩 일정한 간격으로 뛰어 세는 것을 말해요.
어떤 수를 100씩 뛰어 세면 앞의 수보다 100씩 커져요.
4257에서 100씩 뛰어 세면 4257 - 4357 - 4457 ……과 같이
앞의 수보다 100만큼 더 큰 수를 차례로 쓸 수 있어요.

개념연결 뛰어 세기

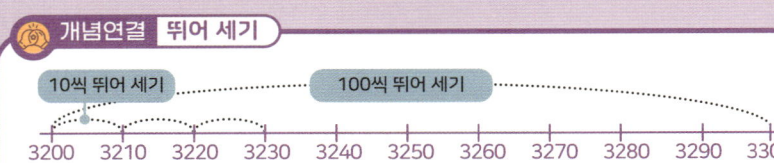

뛰어 세기는 수를 세는 방법이에요. 1, 2, 3, 4, …… 이렇게 수를 세는 것은 1씩 뛰어 세는 것이고, 10, 20, 30, …… 이렇게 세는 것은 10씩 뛰어 세는 것이에요.

 한 줄 수학   어떤 수에서 1씩, 10씩, 100씩, 1000씩 뛰어 세기를 할 수 있어요.

10씩 묶어 세기
어떻게 수를 세면 좋을까요?

흩어져 있는 바둑돌의 개수를 세는 방법은 여러 가지예요.
하나씩 셀 수도 있고, 몇씩 묶어 셀 수도 있어요.

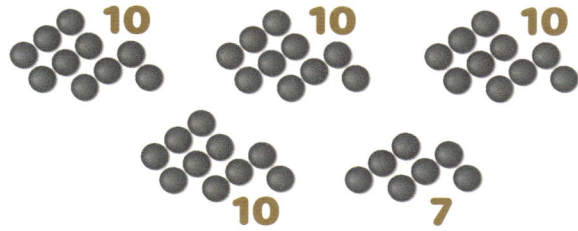

바둑돌을 10개씩 묶어 세면 10개씩 묶음 4개와 낱개 7개이므로
바둑돌은 모두 47개예요.

개념연결 수 세기

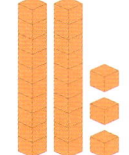

23 이십삼 스물셋

수를 셀 때 10개씩 묶어 세면 편리해요. 10개씩 묶음 2개와 낱개 3개면 23이에요. 이처럼 수를 셀 때는 10개씩 묶어 묶음의 수와 남은 낱개의 수를 세어 몇십몇으로 나타낼 수 있어요.

한 줄 수학 10씩 묶어 세기로 수를 셀 수 있어요.

10월 9일   1+□=10   수와 연산 ▸ 네 자리 수

네 자리 수 읽기

3625를 어떻게 읽을까?

천의 자리	백의 자리	십의 자리	일의 자리
3	6	2	5

읽기: 삼천육백이십오

3	0	0	0
	6	0	0
		2	0
			5

3은 천의 자리 숫자이고, 3000을 나타내요.
6은 백의 자리 숫자이고, 600을 나타내요.
2는 십의 자리 숫자이고, 20을 나타내요.
5는 일의 자리 숫자이고, 5를 나타내요.

3625는 1000이 3개, 100이 6개, 10이 2개, 1이 5개인 수이고,
'삼천육백이십오'라고 읽어요.

개념연결   자릿값

천의 자리	백의 자리	십의 자리	일의 자리
3	3	3	3

3333=3000+300+30+3

숫자가 놓인 위치에 따라 수의 크기가 달라져요. 숫자 3이 천의 자리에 놓이면 3000이고, 숫자 3이 백의 자리에 놓이면 300이에요.

한 줄 수학   자릿값에 따라 나타내는 수가 다르므로 3625는 3000+600+20+5와 같아요.

3월 22일

20 - 21 - □ - 23

수와 연산 ▶ 50까지의 수

가르기
어떤 수나 양을 둘로 나누는 것

과자 5개는 과자 3개와 과자 2개로 나눌 수 있어요. 이처럼 어떤 수나 양을 둘로 나누는 것을 **가르기**라고 해요. 가르기에는 여러 가지 방법이 있어요. 예를 들어 5는 다음과 같이 가르기 할 수 있어요.

개념연결 모으기

1과 3을 모으면 4가 돼요.

한 줄 수학 5는 2와 3으로 가르기 할 수 있고, 2와 3을 모으기 하면 5가 돼요.

10월 8일

2×4=□

수와 연산 ▶ 네 자리 수

큰 수
1000은 큰 수일까?

"공연장에 1000명이 모였어."

"1000원으로 사 먹을 수 있는 음식이 없네."

1000은 큰 수일 때도 있고, 작은 수일 때도 있어요.
둘 이상의 수를 비교할 때 '어떤 수보다 크다.' 또는
'어떤 수보다 작다.'와 같이 나타낼 수 있어요.
우리 학교 학생 수가 1000명이면 1000은 아주 큰 수라고 할 수 있지만,
시장에서 1000원으로 음식을 사 먹는다면 1000은 작은 수예요.

개념연결 | 세 수의 크기 비교

58   83   52

두 수 58, 52에서 58은 52보다 큰 수예요. 세 수 58, 83, 52에서 가장 큰 수는 83이에요. 이처럼 둘 또는 셋 이상의 수의 크기를 비교하여 '~보다 큰 수입니다.' 또는 '가장 큰 수는 ~입니다.'와 같이 나타낼 수 있어요.

🐰 한 줄 수학 | 1000은 네 자리 수 중에서 가장 작은 수예요.

3월 23일

15+8=□

수 감각
수를 이해하고 자유롭게 활용하는 능력

바둑돌이 몇 개쯤 될까요?
또 700원짜리 사과를 3개 샀다면 얼마를 내야 할까요?
일상생활에서 물건을 직접 세지 않고 몇 개쯤인지 예상하거나,
내가 산 물건이 모두 얼마인지 어림할 수 있어요.
이처럼 실생활에서 수를 어림하고 간단한 계산을 하는 등
수를 자유롭게 이용하는 능력을 **수 감각**이라고 해요.

한 줄 수학 평소 생활 속에서 수를 자주 만나고 활용하면 수 감각을 기를 수 있어요.

칠교 조각의 수: □

숫자 퍼즐
두 자리 수의 덧셈과 뺄셈을 해 볼까?

다음 식을 계산하여 숫자 퍼즐을 완성해 보세요.

가로 열쇠

① 23+51
② 68-16
③ 31-9
④ 54+14
⑤ 62-48
⑥ 29+54
⑦ 64+15
⑧ 96-64

세로 열쇠

❶ 42+3
❷ 19+7
❸ 25+9
❹ 55-27
❺ 42-5
❻ 80-8

정답

3월 24일

20+4=□

가르기 퍼즐
15를 가르기 해 볼까?

출발 지점에서 도착 지점까지 수 카드를 사용하여
□ 안에 알맞은 수를 써넣었을 때 남은 수 카드는 무엇인가요?

- 15 / 10, ☐
- 15 / 12, ☐
- 15 / ☐, 1
- 15 / 9, ☐
- 15 / 3, ☐
- 15 / ☐, 5
- 15 / 6, ☐
- 15 / ☐, 14
- 15 / ☐, 8
- 15 / ☐, 7 (출발 8)
- 15 / 11, ☐
- 15 / 2, ☐
- 15 / ☐, 13 (도착)

1	2	3	4
5	6	7	8̸
	9	10	11
	12	13	14

정답 11

10월 6일

2×3=□

블록 쌓기
블록을 어떻게 쌓았는지 찾아볼까?

 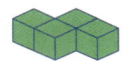 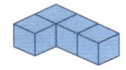

위 조각 중 서로 다른 2개를 골라 아래 모양을 만들었어요.
어떻게 만들었는지 아래 모양에 색칠해 보세요.

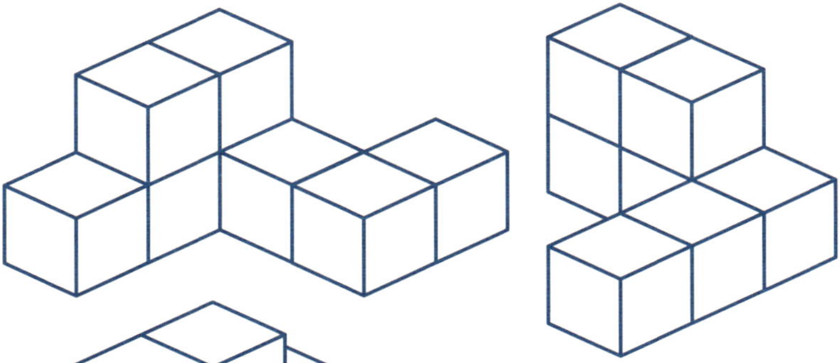

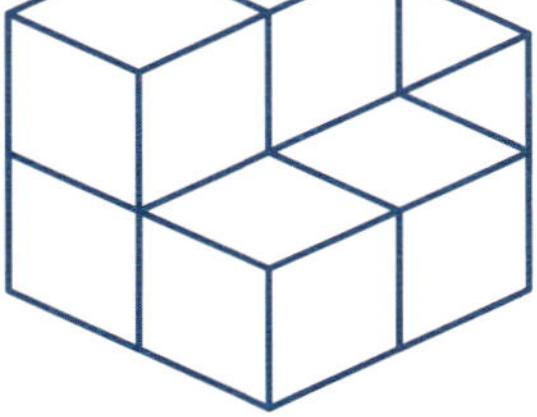

3월 25일

스물다섯: □

가르기 퍼즐
17을 가르기 해 볼까?

출발 지점에서 도착 지점까지 수 카드를 사용하여 □ 안에 알맞은 수를 써넣었을 때 남은 수 카드는 무엇인가요?

17	17	17	17
□ 6	15 □	9 □	□ 8

17 — □ 13
17 — 3 □

17 — 11 □
17 — 7 □

17 — 14 □
17 — 13 4 (출발)

17 — □ 12
17 — 2 □ (도착)
17 — □ 10

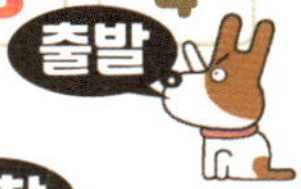

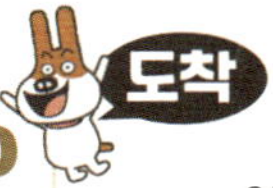

정답: 1, 12, 16

10월 5일

5+□=10

시간
시간을 나타내는 여러 가지 단위

1초	1분 = 60초	1시간 = 60분

초바늘이 작은 눈금 한 칸을 가는 데 걸리는 시간	초바늘이 한 바퀴 도는 데 걸리는 시간	짧은바늘이 큰 눈금 한 칸을 가는 데 걸리는 시간

하루 = 24시간	1주일 = 7일	한 달 = 약 30일
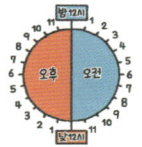		

밤 12시부터 다음 날 밤 12시까지

1년 = 12개월

한 줄 수학 한 시각에서 다른 시각까지의 간격을 시간이라고 해요.

3월 26일

24 - □ - 28 - 30

수와 연산 ▶ 50까지의 수

모으기

어떤 수나 양을 하나로 나타내는 것

두 접시에 담긴 사과를 한 접시에 모을 수 있어요. 사과 3개와 사과 2개를 모으면 사과는 5개가 돼요. 이처럼 어떤 수나 양을 하나로 나타내는 것을 **모으기**라고 해요.

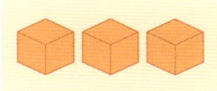 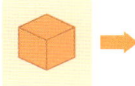 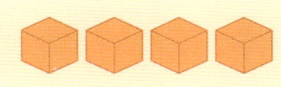

3+1   **4**

두 수를 모아 덧셈을 할 수 있어요.
수 모형 3개와 수 모형 1개를 모으면 수 모형 4개가 돼요.
이것을 덧셈식으로 나타내면 3+1=4예요.

개념연결 | 가르기

```
   5        5        5        5
  / \      / \      / \      / \
 1   4    2   3    3   2    4   1
```

5를 여러 방법으로 가르기 할 수 있어요.

한 줄 수학 3과 1을 모으면 4가 되고, 4는 1-3, 2-2, 3-1로 가르기 할 수 있어요.

10월 4일

5씩 4묶음 → 5의 □배

수와 연산 ▶ 네 자리 수

1000
999보다 1만큼 더 큰 수

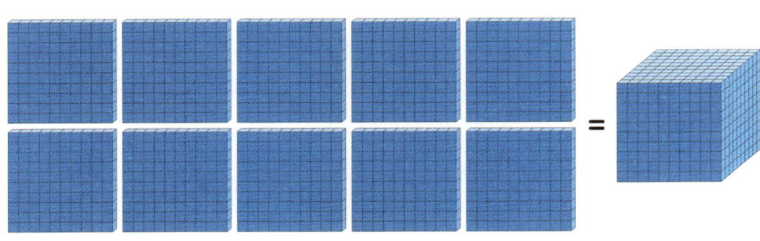

100(백)이 10개이면 1000(천)이에요.
1(일)이 1000개이면 1000(천)이에요.

개념연결 뛰어 세기로 1000 알기

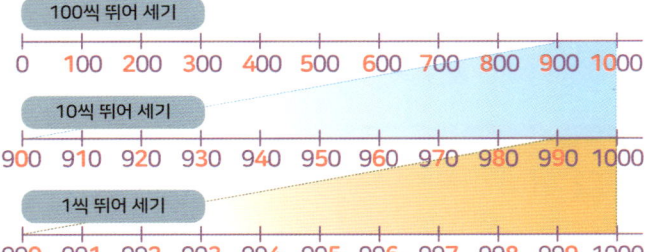

999보다 1만큼 더 큰 수를 1000(천)이라고 해요. 1000은 네 자리 수 중에서 가장 작은 수예요. 100씩, 10씩, 1씩 뛰어 세기로 1000을 나타낼 수 있어요.

 한 줄 수학   네 자리 수: 천의 자리, 백의 자리, 십의 자리, 일의 자리로 이루어진 수

3월 27일

스물일곱 → □

수와 연산 ▶ 50까지의 수

10 가르기
10을 두 수로 나타낼 수 있을까?

10을 둘로 나누어 가르기 할 수 있어요.
10은 1과 9, 2와 8, 3과 7, 4와 6, 5와 5, …… 로 가르기 할 수 있어요.

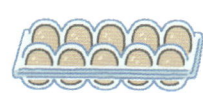

개념연결 가르기와 뺄셈

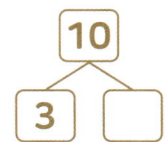

달걀 10개 중 3개를 사용하였을 때 남아 있는 달걀의 개수는 10 가르기로 구할 수 있어요.

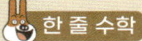 1-9, 2-8, 3-7, 4-6, 5-5는 10을 가르기 하여 나타낸 수예요.

10월 3일

삼각형의 변의 수: □

수와 연산 ▸ 곱셈

곱셈식
곱셈 기호와 등호를 써서 나타낸 식

덧셈식 3 + 3 + 3 + 3 + 3 = 15

곱셈식 3 × 5 = 15

3×5=15와 같이 숫자, 곱셈 기호(×), 등호(=)를 써서 나타낸 식을 곱셈식이라고 해요. 같은 수를 여러 번 더하는 덧셈식을 곱셈식으로 나타낼 수 있어요.

개념연결 | 곱하는 두 수

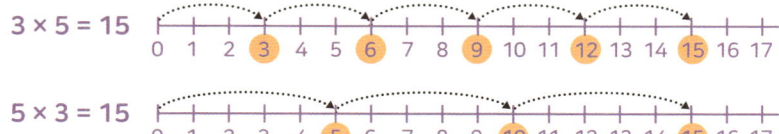

3×5=15와 5×3=15처럼 곱셈식에서 곱하는 두 수의 순서를 바꾸어도 계산 결과는 같아요.

한 줄 수학 5+5=10 → 5×2=10처럼 덧셈식을 곱셈식으로 나타낼 수 있어요.

3월 28일

26 - □ - 30 - 32

수와 연산 ▶ 50까지의 수

거꾸로 세기
수의 순서를 반대로 하여 세는 방법

거꾸로 세기는 처음 수에서 1만큼씩 더 작은 수를 이어서 세는 방법이에요. 로켓을 발사할 때 5, 4, 3, 2, 1, 0과 같이 수를 거꾸로 세기도 해요.

수를 순서대로 놓으면 1, 2, 3, 4, 5, ······처럼 돼요.
수를 거꾸로 세면 5, 4, 3, ······처럼 셀 수 있어요.
1~9의 수 카드를 거꾸로 놓으면 9-8-7-6-5-4-3-2-1이에요.

개념연결 수 세기 방법

수를 셀 때는 같은 수를 두 번 세거나 세는 수를 빠트리지 않도록 하나씩 짚어 가며 세야 해요. 순서를 거꾸로 하여 수를 셀 때도 수를 빠트리지 않도록 주의해요.

한 줄 수학 수의 순서: 1, 2, 3, 4, ······와 같이 수를 차례대로 늘어놓은 것

10월 2일

3+□=5

수와 연산 ▸ 곱셈

곱

어떤 두 수의 곱셈 또는 그 결과

$$3 \times 4 = 12$$
3과 4의 곱은 12입니다.

3×4=12와 같이 어떤 두 수의 곱셈 또는 그 결과를 곱이라고 해요.
곱은 곱하기와 같은 뜻으로 쓰여요. 3과 4의 곱은 12와 같아요.

개념연결 곱하기

> 4씩 2묶음 → 4×2(읽기: 4 곱하기 2)

몇씩 몇 묶음이 모두 얼마인지 알아보기 위하여 두 수를 곱하는 방법을 곱하기라고 해요. 곱셈식 4×2에서 × 기호를 곱하기라고 읽어요.

한 줄 수학 3×5=15 → 읽기: 3과 5의 곱은 15입니다.

3월 29일

27 - 28 - □ - 30

수와 연산 ▸ 50까지의 수

수, 숫자
수와 숫자는 어떤 차이가 있을까?

물건을 하나, 둘, 셋, …… 세어 나타낸 값을 **수**라고 해요.
또 수를 나타내기 위한 기호나 문자를 **숫자**라고 하는데,
우리는 1, 2, 3, 4와 같은 인도-아라비아 숫자를 써서 수를 나타내요.

고대 이집트	고대 로마	고대 중국	마야
||||	V	五	一

세계 대부분의 나라에서 인도-아라비아 숫자를 사용하지만,
예전에는 나라마다 다른 숫자를 사용하기도 했어요.

개념연결 — 로마 숫자

I	II	III	IV	V	VI	VII	VIII	IX
1	2	3	4	5	6	7	8	9

X	XI	XII	XX	XXX	XL	L	LX	LXX
10	11	12	20	30	40	50	60	70

LXXX	XC	C
70	80	100

로마 숫자는 **I**(1), **V**(5), **X**(10), **L**(50), **C**(100)을 기본 단위로 하여 더하기와 빼기의 원리로 만들어졌어요.

한 줄 수학
물건의 수를 센 다음, 숫자를 써서 수를 나타내요.

10월 1일

60분=□시간

수와 연산 ▸ 곱셈

곱셈 기호

달걀이 6개씩 3묶음 있네.

6개씩 3묶음이면 6×3으로 나타낼 수 있어요.
이때 사용하는 ×를 **곱셈 기호**라고 해요.
곱셈은 어떤 수의 몇 배를 곱셈 기호 ×를 써서 식으로 나타내요.
6×3을 '6 곱하기 3'이라고 읽어요.

개념연결 +, -, ×

덧셈, 뺄셈, 곱셈을 나타내는 기호가 있어요. 수학에서 복잡한 문장을 간단한 기호를 써서 나타낼 수 있어요.

사과가 5개씩 든 봉지 4개가 있어요. ➡ 5×4

상황을 나타내는 문장 　　　　　기호를 사용한 곱셈식

 한 줄 수학 수학 교과서에서 +, -, × 기호가 사라진다면 어떻게 될지 상상해 보세요.

3월 30일

10 - 20 - □ - 40 - 50

공간 감각

공간의 관계나 위치를 파악하는 능력

지도를 보면서 길을 찾고 규칙에 따라 블록을 쌓을 수 있어요. 이처럼 공간에서 위치를 파악하고 규칙을 찾는 능력을 **공간 감각**이라고 해요. 공간 감각은 물건을 정리하거나 도서관에서 필요한 책을 찾는 등 일상생활에서 많이 사용되고 있어요.

퀴즈 ?에 알맞은 도형은?

가    나    다   라

정답: 나

 **한 줄 수학**   공간 감각은 우리 생활에 꼭 필요한 능력이에요.

10월

3월 31일

35-4=□

가로세로 퍼즐

빈칸에 알맞은 수학 용어를 써넣으세요.

가로 열쇠
① 세 선분으로 둘러싸인 도형
② 어떤 수를 둘로 나누는 것

세로 열쇠
❶ 각을 잴 때 쓰는 도구
❷ 왼쪽에서 오른쪽으로 나 있는 방향이나 길이

정답

9월 30일

15×2=□

블록 쌓기
쌓은 블록을 찾아볼까?

 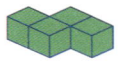 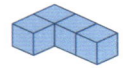

위 조각 중 서로 다른 2개를 골라 아래 모양을 만들었어요.
어떻게 만들었는지 아래 모양에 색칠해 보세요.

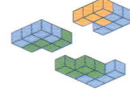

4월

30보다 1만큼 더 작은 수: □

덧셈 퍼즐

숨어 있는 덧셈을 찾아볼까?

가로와 세로에서 (몇)+(몇)=(십몇)인 덧셈을 모두 찾아 선으로 묶어 보세요.

8	3	11	7	8	15	5
13	8	6	5	14	12	6
7	9	7	16	10	3	6
7	8	13	3	7	5	12
9	3	16	9	2	9	8
6	8	14	8	19	14	6
15	16	20	17	6	8	15

가로에서 8+3=11,
세로에서 6+7=13을
찾을 수 있어요.

4월 1일

6-2-3=□

숨어 있는 삼각형

숨어 있는 삼각형을 몇 개나 찾을 수 있을까?

그림에서 찾을 수 있는 크고 작은 삼각형은 모두 몇 개인가요?

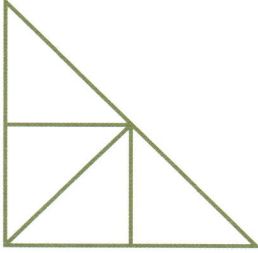

선을 따라 삼각형을 그려 보세요. 숨어 있는 작은 삼각형부터 삼각형 여러 개를 품은 커다란 삼각형까지 찾을 수 있어요.

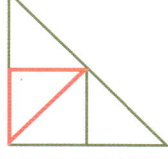 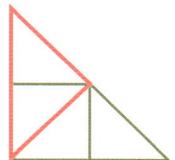 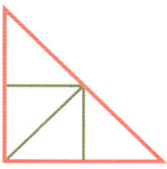

작은 삼각형은 찾기 쉬워요.

작은 삼각형 2개로 된 삼각형도 있어요.

가장 커다란 삼각형이에요.

9월 28일

7+7+7+7=□

1초
60초 = 1분

1초
초바늘

1초 = 작은 눈금 한 칸

재깍재깍 소리를 내며 시곗바늘이 돌아가고 있어요. 초바늘이 작은 눈금 한 칸을 가는 데 걸리는 시간을 1초라고 해요. 초바늘이 시계를 한 바퀴 도는 데 걸리는 시간은 60초이고, 60초는 1분과 같아요.

개념연결 | 횡단보도를 건너는 시간

신호등을 보고 길을 건널 때 남은 시간이 표시되는 것을 본 적이 있을 거예요.
신호등에도 수학 규칙이 있어요.

✅ 사람이 1초에 1 m를 걷는 것을 기준으로 한다.
✅ 횡단보도에 들어가는 데 걸리는 시간 7초를 더한다.

이 규칙에 따르면 길이가 15 m인 횡단보도에서는 길을 건너는 시간 15초에 횡단보도에 들어가는 시간 7초를 더하여 총 22초 동안 초록불이 켜져 있게 돼요.

한 줄 수학 꿀벌은 1초 동안 날개를 약 230번 퍼덕인다고 해요.

~보다 크다, ~보다 작다
수의 크기를 비교하는 말

물건의 수를 세어 비교할 때는 '택시가 버스보다 많다.' 또는 '버스가 택시보다 적다.'와 같이 '많다', '적다'라는 말을 써서 비교해요.
수의 크기를 비교할 때는 '2는 5보다 작다.' 또는
'5는 2보다 크다.'와 같이 '작다', '크다'라는 말을 써서 비교해요.

개념연결 | 비교하는 말

많다, 적다: 물건의 개수나 양을 비교하는 말 → 우유가 주스보다 많다.
크다, 작다: 수의 크기나 사람의 키를 비교하는 말 → 7은 4보다 크다.
넓다, 좁다: 넓은 정도를 비교하는 말 → 축구장이 수영장보다 넓다.
무겁다, 가볍다: 몸무게 등을 비교하는 말 → 코끼리는 기린보다 무겁다.

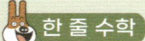 **한 줄 수학** 두 대상을 길이, 무게, 넓이 등 여러 가지 방법으로 비교할 수 있어요.

3×9=□

수와 연산 ▶ 곱셈

몇 배
몇의 몇 배를 어떻게 나타낼까?

4씩 5묶음 → 4의 5배

4에 1을 곱하면 4의 1배, 4에 2를 곱하면 4의 2배예요.
이처럼 어떤 수에 몇을 곱한 것을 어떤 수의 **몇 배**라고 해요.
수학에서 **배**는 일정한 수나 양이 반복되는 것이에요.
예를 들어 4의 5배는 4+4+4+4+4와 같고, 4×5=20이에요.

개념연결 | 몇의 몇 배

두 수를 비교하여 몇의 몇 배로 나타낼 수 있어요. 사과가 3개씩 1묶음이고, 배는 3개씩 4묶음일 때, 사과 수의 4배가 배의 수가 돼요. 또 3의 4배는 3×4=12와 같아요.

한 줄 수학 몇의 몇 배는 (몇)×(몇)으로 나타낼 수 있어요.

>, <
수의 크기를 비교할 때 사용하는 기호

벌어진 부분 → ← 뾰족한 부분

8 > 4   **4 < 8**

부등호 '>', '<'는 두 수의 크기를 비교하여 나타낼 때 사용하는 기호예요.
부등호의 벌어진 쪽에 큰 수, 뾰족한 쪽에 작은 수가 와요.
8은 4보다 큰 수이므로 8>4 또는 4<8과 같이 나타낼 수 있어요.

개념연결 | 수학 기호

- \+ (더하기): 두 수의 합을 구할 때 사용하는 기호
- \- (빼기): 두 수의 차를 구할 때 사용하는 기호
- × (곱하기): 두 수의 곱을 구할 때 사용하는 기호
- = (등호): 두 수가 서로 같음을 나타내는 기호

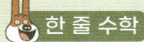 부등호: 수의 크기를 비교할 때 사용하는 기호

9월 26일

□-6=20

수와 연산 ▶ 곱셈

2×3

사과 2개와 사과 3개를 곱할 수 있을까?

2 × 3 = 6 ?

2×3=6이지만, 사과 2개와 사과 3개는 곱할 수 없어요.
곱셈은 '몇씩 몇 묶음'이나 '몇의 몇 배' 하여 나타낸 것이에요.
그러니까 2×3은 2씩 3묶음으로 2의 3배를 뜻해요.
따라서 사과 2개와 사과 3개를 곱한다는 것은 잘못된 표현이에요.

개념연결 곱셈

2 + 2 + 2 = 2 × 3

· 2의 3배를 2×3이라고 써요.
· 2×3은 2 곱하기 3이라고 읽어요.
· 2+2+2는 2×3과 같아요.
· 2와 3의 곱은 6이에요.

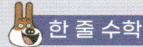 곱셈: 어떤 수의 몇 배인지 곱하여 구하는 셈

4월 4일

1+3=□

수와 연산 ▸ 50까지의 수

50까지 수 읽기
수의 순서를 알고, 수를 읽어 볼까?

1	일	하나	**21**	이십일	스물하나	**41**	사십일	마흔하나
2	이	둘	**22**	이십이	스물둘	**42**	사십이	마흔둘
3	삼	셋	**23**	이십삼	스물셋	**43**	사십삼	마흔셋
4	사	넷	**24**	이십사	스물넷	**44**	사십사	마흔넷
5	오	다섯	**25**	이십오	스물다섯	**45**	사십오	마흔다섯
6	육	여섯	**26**	이십육	스물여섯	**46**	사십육	마흔여섯
7	칠	일곱	**27**	이십칠	스물일곱	**47**	사십칠	마흔일곱
8	팔	여덟	**28**	이십팔	스물여덟	**48**	사십팔	마흔여덟
9	구	아홉	**29**	이십구	스물아홉	**49**	사십구	마흔아홉
10	십	열	**30**	삼십	서른	**50**	오십	쉰
11	십일	열하나	**31**	삼십일	서른하나			
12	십이	열둘	**32**	삼십이	서른둘			
13	십삼	열셋	**33**	삼십삼	서른셋			
14	십사	열넷	**34**	삼십사	서른넷			
15	십오	열다섯	**35**	삼십오	서른다섯	**60**	육십	예순
16	십육	열여섯	**36**	삼십육	서른여섯	**70**	칠십	일흔
17	십칠	열일곱	**37**	삼십칠	서른일곱	**80**	팔십	여든
18	십팔	열여덟	**38**	삼십팔	서른여덟	**90**	구십	아흔
19	십구	열아홉	**39**	삼십구	서른아홉	**100**	백	백
20	이십	스물	**40**	사십	마흔			

개념연결 수 읽기

사과 2(두)개가 있어요.
내 등번호는 2(이)번이에요.
악어는 앞에서 둘째에 있어요.

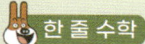 같은 수라도 쓰임에 따라 읽는 방법이 달라요.

9월 25일

78-53=□

수와 연산 ▶ 곱셈

묶어 세기

묶어 세기와 곱셈은 어떤 관계가 있을까?

구슬이 모두 몇 개일까?

흩어져 있는 구슬의 수를 하나씩 세면 시간도 오래 걸리고 불편하기도 해요.
이럴 때 몇씩 묶어 세기를 할 수 있어요. 구슬을 2개씩 묶어서 세면
2-4-6-8-10-12와 같이 2씩 6묶음으로 나타낼 수 있어요.
또 구슬을 3개씩 묶어서 세면 3-6-9-12와 같이 3씩 4묶음이 돼요.

개념연결 묶어 세기 → 곱셈

2-4-6-8-10-12

2 × 6 = 12

같은 수를 몇씩 묶어 세기 한 것을 곱셈식으로 나타낼 수 있어요.

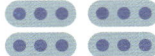
3-6-9-12

3 × 4 = 12

□×△은 □씩 △묶음이에요.

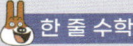 한 줄 수학 묶어 세기 한 것을 곱셈식으로 나타낼 수 있어요.

4월 5일 식목일: 4월 □일 　　　　　수와 연산 ▸ 50까지의 수

어림
대강 얼마쯤인지 헤아리는 것

연못 속의 물고기처럼 정확한 수를 세는 것이 어려울 때가 있어요. 이럴 때는 일일이 수를 세는 것보다 대강 몇 마리인지를 구하는 것이 편리해요. 이처럼 대강 얼마쯤인지 헤아리는 것을 **어림**이라고 해요.

개념연결 | 어림하여 수 세기

어림한 값을 나타낼 때는 수 앞에 '약'을 붙이거나, 수 뒤에 '쯤', '정도'라는 말을 써요. 이때, 약, 쯤, 정도는 대강 짐작한 값을 나타낼 때 쓰는 말이에요.

"바둑돌이 약 30개 있어.", "내가 모은 딱지가 50개쯤 되는 것 같아.", "바구니에 달걀이 20개 정도 들어 있는 것 같아."

한 줄 수학
대강의 수를 헤아릴 때 어림을 사용해요.

1일=□시간

자료와 가능성 ▸ 분류하기

수를 셀 때 빗금은 왜 그을까?

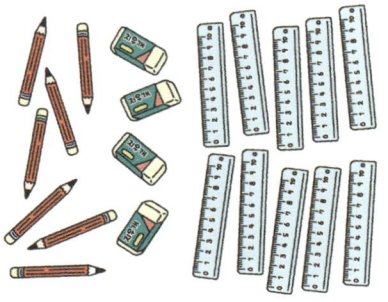

어떤 물건을 주어진 기준에 따라 분류하고 그 수를 셀 때,
5씩 묶어서 표시하면 수를 나타내기 편리해요.
5를 나타낼 때 ╫ 나 正 같은 기호를 사용하기도 해요.

개념연결 ╫, 正

/	//	///	////	╫
一	丁	〒	〒	正
1	2	3	4	5

빗금이나 선을 하나씩 그으며 1, 2, 3, 4, 5와 같이 수를 나타내요. 이때 6보다 큰 수는 5씩 묶음과 낱개로 나타내요. 만약 ╫ 가 2개이면 10이 돼요.

한 줄 수학 수를 셀 때 빗금이나 선을 그어 표시하면 빠뜨리지 않고 쉽게 수를 셀 수 있어 편리해요.

4월 6일

2+1+3=□

평면도형, 입체도형

도형의 특징을 알아볼까?

곧은 선, 굽은 선, 삼각형, 사각형과 같이 길이나 폭을 가진 도형을 **평면도형**이라고 해요.

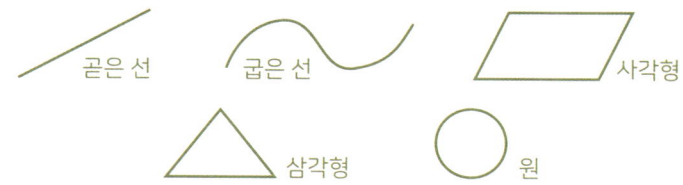

■, ■, ● 와 같이 점, 선, 면으로 이루어진 도형을 **입체도형**이라고 해요.

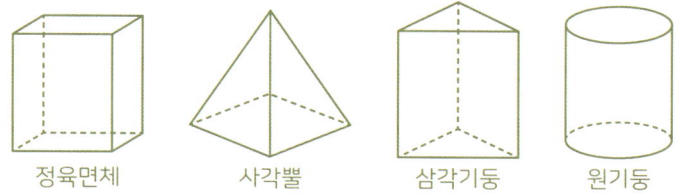

한 줄 수학 도형: 물체를 색이나 재료 등의 성질에 상관없이 모양만으로 분류한 것

8+9+6=□

덧셈 퍼즐

숨어 있는 덧셈을 찾아볼까?

가로와 세로에서 (몇)+(몇)=(십몇)인 덧셈을 모두 찾아 선으로 묶어 보세요.

3	7	11	5	8	13	3
8	7	5	12	1	7	9
8	15	9	8	5	9	14
16	6	9	9	7	16	7
7	8	18	16	9	4	6
5	14	2	9	11	8	17
9	8	17	5	8	12	8

가로에서 7+5=12,
세로에서 8+8=16을
찾을 수 있어요.

정답

4월 7일

3+4=□

숨어 있는 사각형

숨어 있는 사각형을 몇 개나 찾을 수 있을까?

그림에서 찾을 수 있는 크고 작은 사각형은 모두 몇 개인가요?

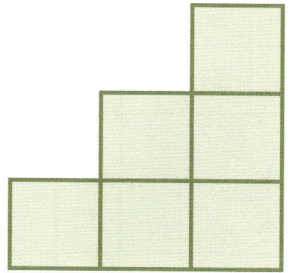

그림은 □ 모양의 사각형 6개로 만들어졌어요.
사각형을 이어 붙이면 크기가 다른 여러 가지 사각형을 찾을 수 있어요.

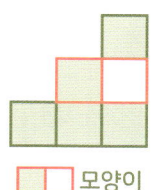  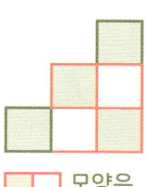

□ 모양은 모두 6개예요.   □□ 모양이 여러 개 있어요.   □□□ 모양인 사각형도 있어요.   □□ 모양은 1개예요.

정답: 15개

9월 22일

11+11=□

짝수 미로
짝수를 따라 길을 찾아볼까?

개구리 한 마리가 연못을 찾고 있어요.
개구리에게 길을 알려 주기 위해 짝수를 따라 길을 색칠해 보세요.

23	11	30	4	16	40	26	29	35
24	48	12	33	45	41	48	42	26
36	13				41	7	3	18
2	50				30	26	43	6
19	15	39	47	25	37	29	31	32
5	3	27	10	4	12	16	11	46
	1	7	20			24	22	8
	2	6	8			43	17	21

모으기 퍼즐
모으기 하여 12를 만들어 볼까?

출발 지점에서 도착 지점까지 수 카드를 사용하여 □ 안에 알맞은 수를 써넣었을 때 남은 수 카드는 무엇인가요?

3개씩 7묶음 → □개

계절

봄, 여름, 가을, 겨울

계절은 1년 중 기후가 비슷한 시기를
몇 개월 단위로 나누어 놓은 것을 말해요.
1년은 12개월이고, 계절은 봄, 여름, 가을, 겨울 순으로 반복돼요.

봄   여름   가을   겨울

1년 = 12개월

봄: 3월, 4월, 5월
여름: 6월, 7월, 8월
가을: 9월, 10월, 11월
겨울: 12월, 1월, 2월

한 줄 수학   1년은 1월부터 12월까지이고, 봄, 여름, 가을, 겨울로 구분돼요.

4월 9일

10보다 1만큼 더 작은 수: □

수와 연산 ▶ 100까지의 수

수직선

곧은 선 위에 일정한 간격으로 눈금을 그어 수를 나타낸 직선

7-4=3

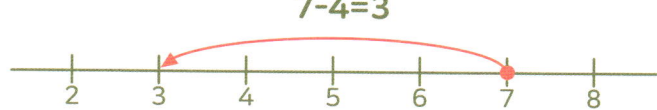

수직선에서는 오른쪽으로 갈수록 수가 커져요. 수직선을 이용하면 수의 위치를 쉽게 알 수 있어 수를 익히고, 덧셈이나 뺄셈을 하는 데 도움이 돼요.

수직선을 이용하여 100을 알아볼 수 있어요.

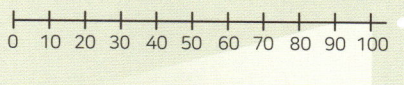

100은 90보다 10만큼 더 큰 수입니다.

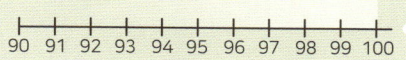

100은 99보다 1만큼 더 큰 수입니다.

개념연결 | 수직선의 활용

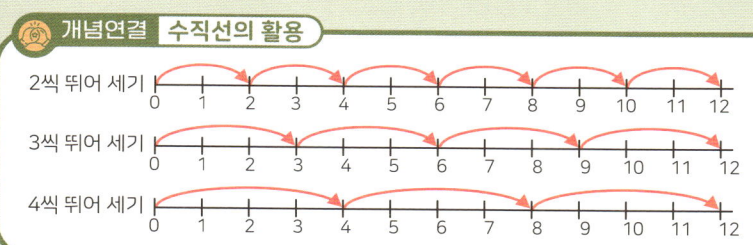

2씩 뛰어 세기
3씩 뛰어 세기
4씩 뛰어 세기

한 줄 수학 몇씩 뛰어 세기는 곱셈의 기초가 돼요.

2+4+6+8=□

자료와 가능성 ▸ 분류하기

분류하여 세기
분류하기에서 수 세기는 왜 필요할까?

조사한 것을 분류 기준에 따라 나누고, 몇인지 수를 세어 나타낼 수 있어요.
학생들이 좋아하는 놀이를 조사해 볼까요? 수 세기를 하면 가장 많은
학생이 좋아하는 놀이를 쉽게 알 수 있어요.

분류 기준: 좋아하는 놀이

놀이	딱지치기	구슬치기	기차놀이	공기놀이
이름	지아	재이, 세미	수찬, 연우, 슬기, 이효	이설, 윤우
사람 수(명)	1	2	4	2

개념연결 ─ 분류한 것을 ○, ×, /를 써서 나타내기

		○	
		○	
	○	○	○
○	○	○	○
딱지치기	구슬치기	기차놀이	공기놀이

수 세기 한 것을 ○, ×, / 등의 기호를 써서 나타낼 수 있어요. 이렇게 표를 이용한 그래프로 나타내면 분류하여 센 내용을 한눈에 볼 수 있어 편리해요.

한 줄 수학 분류하여 수를 셀 때는 빠뜨리거나 겹치지 않도록 해야 해요.

4월 10일

열, 십 → □

수와 연산 ▶ 100까지의 수

60, 70, 80, 90

60, 70, 80, 90을 쓰고 읽기

10개씩 묶음으로 수를 셀 수 있고, 10개씩 묶음의 수로 몇십을 나타낼 수 있어요. 10개씩 묶음 6개를 60, 10개씩 묶음 7개를 70, 10개씩 묶음 8개를 80, 10개씩 묶음 9개를 90이라고 해요.

	60	70	80	90
수	(10개씩 묶음 6개)	(10개씩 묶음 7개)	(10개씩 묶음 8개)	(10개씩 묶음 9개)
읽기	육십 예순	칠십 일흔	팔십 여든	구십 아흔

개념연결 | 몇십 읽기

교실에 공책이 80(여든)권 있어요.

할아버지의 나이는 70(일흔)살이에요.

방금 90(구십)번 버스가 지나갔어요.

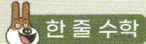 한 줄 수학 묶음: 수나 양을 몇씩 묶어 세는 단위

9월 19일

40-21=□

자료와 가능성 ▶ 분류하기

분류 기준

어떤 사물을 기준에 따라 분류할 때 판단의 근거가 되는 것

어떤 사물을 분류할 때 판단의 근거가 되는 것을 **분류 기준**이라고 해요.
서로 아무런 관계가 없는 것처럼 보여도 분류 기준을 정하면 구분할 수 있어요.

분류 기준: 장소	하늘에 있는 것	땅에 있는 것

개념연결 | 여러 가지 분류 기준

분류 기준: 살아 있는 것과 살아 있지 않은 것	살아 있는 것	살아 있지 않은 것

기준을 다르게 하면 여러 가지 방법으로 분류할 수 있어요. 따라서 사물을 분류할 때 분류 기준을 어떻게 정할지 먼저 생각해야 해요.

🐰 **한 줄 수학** 분류 기준을 만들면 조건에 맞는 사물을 쉽게 구분할 수 있어요.

99까지의 수
수를 어떻게 나타내고 읽을까?

몇십몇은 10개씩 묶음과 낱개로 나타낼 수 있어요.

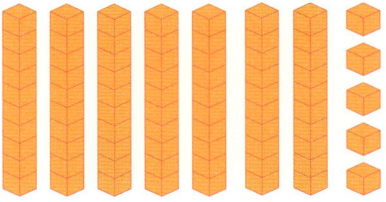

| 75 | 칠십오 일흔다섯 | 10개씩 묶음 7
낱개 5 |

75는 10개씩 묶음 7개와 낱개 5개로 나타낼 수 있어요.
75는 칠십오 또는 일흔다섯으로 읽어요.

개념연결 100

10개씩 묶음 10개를 100이라고 해요. 100은 99보다 1만큼 더 큰 수입니다.

한 줄 수학   낱개: 묶음으로 세고 남은 나머지

9월 18일

20-□=2

자료와 가능성 ▶ 분류하기

기준을 정해 분류하기

분류는 어떻게 할까?

분류하기에서 **기준**은 어떤 사물에서 드러나는 성질이나 특징이에요. 기준을 만족하는 사물끼리 모으는 것을 **분류**라고 해요. 분류를 할 때는 가장 먼저 기준을 정한 다음, 기준에 맞게 물건이나 대상을 분류해요. 다리의 수를 기준으로 동물을 분류해 볼까요?

다리가 4개인 동물

다리가 2개인 동물

개념연결 | 재활용

분리수거함에는 종류별로 재활용품을 버릴 수 있도록 플라스틱, 종이, 캔 등과 같이 분류 기준이 적혀 있어요. 또한 책, 옷, 장난감 등을 정리할 때 기준을 정하여 분류하면 편리해요.

🐰 **한 줄 수학** 생활 속에서 분류하기가 쓰이는 곳을 찾아보세요.

4월 12일

수와 연산 ▶ 100까지의 수

100까지 수의 순서

100까지의 수에서 앞의 수와 뒤의 수는 어떻게 나타낼까?

수를 순서대로 놓으면 73, 74, 75, 76, ……과 같이 1씩 커져요.
이때 어떤 수를 기준으로 앞의 수는 1만큼 더 작은 수,
다음에 오는 수는 1만큼 더 큰 수가 돼요.

1만큼 더 작은 수 ── **84** ── **85** ── **86** **1만큼 더 큰 수**

85를 기준으로 앞의 수 84는 85보다 1만큼 더 작은 수이고,
다음에 오는 수 86은 85보다 1만큼 더 큰 수예요.

개념연결 | 뛰어 세기

어떤 수보다 10만큼씩 더 큰 수를 세는 것을 10씩 뛰어 세기라고 해요.

(70 - 80 - 90 - 100)

80보다 10만큼 더 작은 수는 70이고, 80보다 10만큼 더 큰 수는 90이에요.

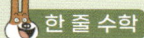 **한 줄 수학** | 기준: 성질이나 특징을 비교할 때 판단의 근거가 되는 것

9+11-3=□

자료와 가능성 ▶ 분류하기

분류
어떤 기준을 정해 나누는 것

물건이 흩어져 있으면 찾고 싶은 물건을 빨리 찾을 수 없고, 방이 지저분하여 불편할 수 있어요. 물건을 쓰임이나 종류에 따라 구분하면 눈으로 쉽게 확인하고 찾을 수 있어 편리해요.

개념연결 | 분류 기준

물건을 분류하려면 기준을 정해야 해요. 기준을 정할 때는 분류하려는 물건의 쓰임과 종류를 살펴보아야 해요. 예를 들어 학용품은 종류에 따라 연필, 자, 공책 등으로 분류할 수 있어요.

한 줄 수학 분류: 어떤 사물을 공통되는 기준에 따라 나누는 것

4월 13일

8+5=□

수 카드
수 카드엔 왜 10이 없을까?

지금 우리가 사용하고 있는 인도-아라비아 숫자는
0부터 9까지의 숫자 10개로 모든 수를 나타낼 수 있어 편리해요.
10은 1과 0으로 만들 수 있고, 12, 19, 20, 50, ……은
수 카드 2장이면 만들 수 있어요.
33, 100, 555, ……의 수는 같은 수 카드 여러 장을 준비하면 돼요.

개념연결 | 조건을 만족하는 수 만들기

다음 4장의 수 카드 중 3장을 골라 세 자리의 수를 만들 수 있어요. 이때 가장 작은 세 자리 수와 가장 큰 세 자리 수는 아래와 같아요.

9 0 2 5 → 2 0 5 가장 작은 세 자리 수
       → 9 5 2 가장 큰 세 자리 수

한 줄 수학 수 카드로 세 자리 수를 만들 때 백의 자리에는 0이 올 수 없어요.

9월 16일

29-13=□

거꾸로 수 세기 미로
거꾸로 수를 세어 길을 따라가 볼까?

꿀벌이 꽃을 찾고 있어요.
꿀벌에게 길을 알려 주기 위해 30부터 거꾸로 수를 색칠해 보세요.

22	21	17	16	15	11	10	9
25	26	19	14	13	9	8	7
30	28	27	13	12	11	10	12	6
29	27	15	14	24	14	8	4	5
28	29	16	11			5	3	7
27	26	17	18			1	2	4
23	25	27	19	20	17	24	6	8
28	24	23	22	21	23	25	10	9

모으기 퍼즐
모으기 하여 20을 만들어 볼까?

4월 14일

열넷 → □

출발 지점에서 도착 지점까지 수 카드를 사용하여 □ 안에 알맞은 수를 써넣었을 때 남은 수 카드는 무엇인가요?

정답 13, 16

22-7=□

수 세기 미로
수의 순서대로 길을 따라가 볼까?

토끼가 당근을 찾고 있어요.
토끼에게 길을 알려 주기 위해 1부터 순서대로 수를 색칠해 보세요.

3	5	2	4	8	9	13	14
1	2	6	9	7	10	16	13
8	5	3	4	5	6	11	15	12
33	32	29	16	7	9	12	13	14
29	30	31	35			15	17	15
28	22	32	33			16	20	16
27	26	25	27	25	23	22	18	17
25	28	24	23	22	21	20	19	30

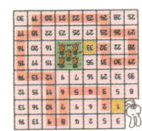

4월 15일

5+5+5=□

수학 디자인
곧은 선으로 만든 곡선

그림과 같이 10이 되는 두 수를 곧은 선으로 이어 보세요.

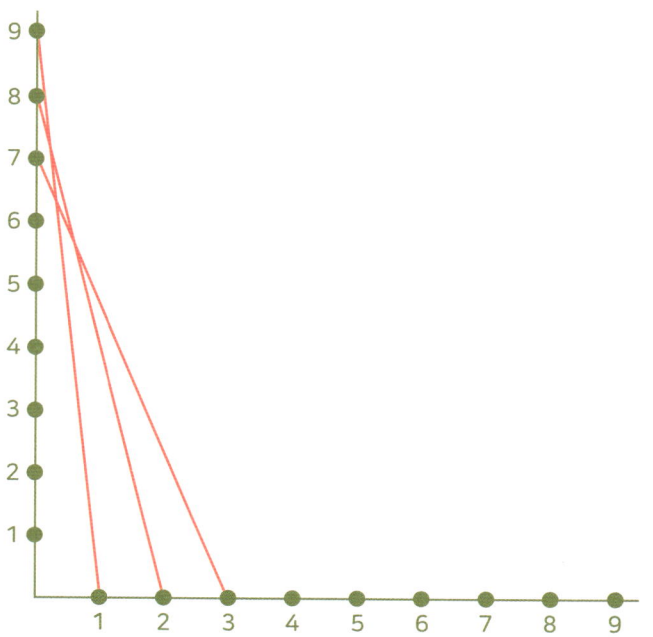

52-38=□

수학 공부

올바른 연산 공부 습관은 무엇일까?

수학 교과서를 보면 덧셈, 뺄셈, 곱셈과 같은 연산이 많은 부분을 차지해요. 연산 연습이 중요한 것은 맞지만 빨리, 많이 푸는 것에만 집중하면 나쁜 습관이 생길 수 있어요.

그렇다면 올바른 연산 공부 방법을 알아볼까요?

첫째, 자신에게 알맞은 수준의 문제집을 선택해요.
　　　이때 연산 문제집은 한 권이면 충분해요.
둘째, 매일 꾸준히 조금씩 공부해요.
셋째, 공부한 내용을 설명해요.(선생님 놀이)
넷째, 속도는 중요하지 않아요. 차근차근 천천히 문제를 해결해요.

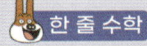 연산에서 가장 중요한 것은 속도가 아니라 왜 그렇게 계산되는지 그 원리를 이해하는 것이에요.

4월 16일

9+7=□

수와 연산 ▶ 100까지의 수

100까지 수 세기

100까지 여러 가지 방법으로 세어 볼까?

1	2	3	4	5	6	7	8	9	10
11	12	13	14	15	16	17	18	19	20
21	22	23	24	25	26	27	28	29	30
31	32	33	34	35	36	37	38	39	40
41	42	43	44	45	46	47	48	49	50
51	52	53	54	55	56	57	58	59	60
61	62	63	64	65	66	67	68	69	70
71	72	73	74	75	76	77	78	79	80
81	82	83	84	85	86	87	88	89	90
91	92	93	94	95	96	97	98	99	100

개념연결 100까지의 수를 세는 방법

1씩 수 세기: 일, 이, 삼, 사, 오, 육, 칠, 팔, 구, ……
2씩 뛰어 세기: 이, 사, 육, 팔, 십, 십이, 십사, 십육, ……
5씩 뛰어 세기: 오, 십, 십오, 이십, 이십오, 삼십, ……
10씩 뛰어 세기: 십, 이십, 삼십, 사십, 오십, 육십, ……
100에서 1씩 거꾸로 세기: 백, 구십구, 구십팔, 구십칠, ……

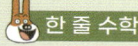 한 줄 수학   물건의 개수나 양을 세는 것을 수 세기라고 해요.

9월 13일

7+9-3=□

도형과 측정 ▸ 길이 재기

자

길이를 재는 도구

- 곧은자
- 줄자
- 삼각자

자는 길이를 재거나 선을 그을 때 사용하는 도구예요.
쓰임이나 모양에 따라 곧은자, 줄자, 삼각자 등이 있어요.
또 자에는 길이를 재고 읽을 수 있도록 눈금과 숫자가 표시되어 있어요.

개념연결 자의 눈금

자에는 cm와 m를 나타내는 눈금과 길이를 표시하는 숫자가 있어요. 숫자가 적힌 눈금 한 칸의 길이는 1cm이고 100cm는 1m예요.

$$100\,cm = 1\,m$$

한 줄 수학 자에는 길이를 잴 때 필요한 눈금과 숫자가 있어요.

100까지 수 읽기
51에서 100까지의 수를 읽어 볼까?

51	오십일	쉰하나	71	칠십일	일흔하나	91	구십일	아흔하나
52	오십이	쉰둘	72	칠십이	일흔둘	92	구십이	아흔둘
53	오십삼	쉰셋	73	칠십삼	일흔셋	93	구십삼	아흔셋
54	오십사	쉰넷	74	칠십사	일흔넷	94	구십사	아흔넷
55	오십오	쉰다섯	75	칠십오	일흔다섯	95	구십오	아흔다섯
56	오십육	쉰여섯	76	칠십육	일흔여섯	96	구십육	아흔여섯
57	오십칠	쉰일곱	77	칠십칠	일흔일곱	97	구십칠	아흔일곱
58	오십팔	쉰여덟	78	칠십팔	일흔여덟	98	구십팔	아흔여덟
59	오십구	쉰아홉	79	칠십구	일흔아홉	99	구십구	아흔아홉
60	육십	예순	80	팔십	여든	100	백	백
61	육십일	예순하나	81	팔십일	여든하나			
62	육십이	예순둘	82	팔십이	여든둘			
63	육십삼	예순셋	83	팔십삼	여든셋			
64	육십사	예순넷	84	팔십사	여든넷			
65	육십오	예순다섯	85	팔십오	여든다섯			
66	육십육	예순여섯	86	팔십육	여든여섯			
67	육십칠	예순일곱	87	팔십칠	여든일곱			
68	육십팔	예순여덟	88	팔십팔	여든여덟			
69	육십구	예순아홉	89	팔십구	여든아홉			
70	칠십	일흔	90	구십	아흔			

개념연결 수 읽기

빌딩의 높이는 63(육십삼)층입니다.
자동차를 타고 86(팔십육)킬로미터를 왔습니다.

1시간은 60(육십)분입니다.
할머니는 75(일흔다섯)살입니다.

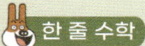
한 줄 수학 수: 물건의 개수나 양을 나타내는 값

9월 12일

연필 1타=□자루

도형과 측정 ▸ 길이 재기

길이 재기
자로 길이를 어떻게 잴까?

길이를 잴 때 물건의 한쪽 끝을 자의 눈금 0에 맞추고, 물건의 다른 쪽 끝에 있는 눈금을 읽으면 돼요.

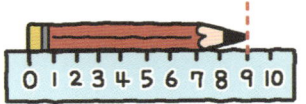

연필은 9cm네.

① 연필의 한쪽 끝을 자의 눈금 0에 맞춰요.
② 연필의 다른 쪽 끝에 있는 자의 눈금을 읽어요.

개념연결 　부러진 자로 길이 재기

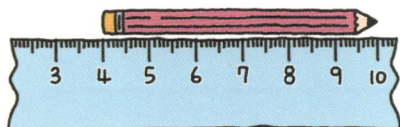

물건의 한쪽 끝이 자의 눈금 0에 놓여 있지 않을 때, 물건에 1 cm가 몇 번 들어가는지 세는 방법으로 길이를 구할 수 있어요. 연필에는 1 cm가 6번 들어가므로, 연필의 길이는 6 cm예요.

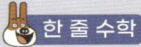 한 줄 수학　물건의 길이를 잴 때는 1 cm가 몇 번 들어가는지 세면 돼요.

4월 18일

9+9=□

수와 연산 ▶ 100까지의 수

81 ◯ 59
어느 수가 더 클까?

두 자리 수의 크기를 비교할 때
10개씩 묶음의 수와 낱개를 구분하여 비교해요.
우선 10개씩 묶음의 수가 많으면 큰 수예요.
10개씩 묶음의 수가 같다면 낱개가 더 많은 수가 큰 수예요.

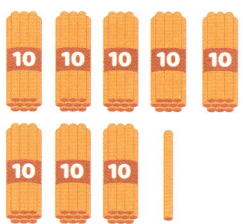

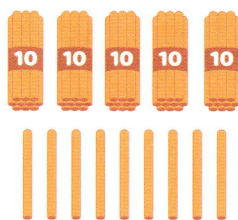

81은 10개씩 묶음이 8개이고,
59는 10개씩 묶음이 5개이므로 81이 59보다 더 큰 수예요.

개념연결 72○76

72와 76을 비교할 때 10개씩 묶음의 수가 같으므로 낱개를 비교해요. 72는 낱개가 2개, 76은 낱개가 6개이므로 72<76이에요.

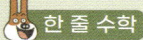 한 줄 수학 부등호: 두 수의 크기를 비교하여 나타내는 기호

66-55=□

도형과 측정 ▶ 길이 재기

약 □cm
길이는 어떻게 어림할까?

자를 이용하여 물건의 길이를 잴 때 자의 눈금에
물건의 길이가 딱 맞지 않으면 가장 가까운 눈금의
숫자를 읽고, 숫자 앞에 '약'을 붙여 말해요.

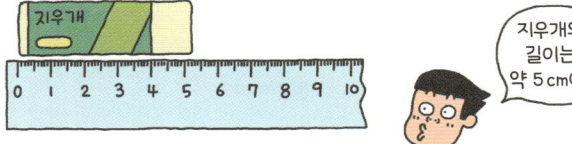

지우개의 길이를 잴 때 지우개의 한쪽 끝에
가장 가까운 눈금의 숫자는 5이므로, 지우개의 길이는 약 5cm예요.

개념연결 | 길이 어림하기

자를 사용하지 않고 물건의 길이가 대강 얼마쯤인지 어림할 수 있어요. 어림한 길이를 말할 때 숫자 앞에 '약'을 붙여요.

한 줄 수학 길이를 어림할 때 약 □ cm라고 말해요.

4월 19일

20보다 1만큼 더 작은 수: □

수와 연산 ▶ 100까지의 수

10개씩 묶음
왜 수는 10개씩 묶음으로 셀까?

수를 셀 때 1, 2, 3, …… 이렇게 하나씩 셀 수도 있지만,
10개씩 묶어 세면 10, 20, 30, ……처럼 큰 수를 세는 데 훨씬 편리해요.

개념연결 | 10개씩 묶어 세기와 자릿값

10개씩 묶음의 수는 십의 자리 숫자, 낱개는 일의 자리 숫자가 돼요. 10개씩 묶음이 6개, 낱개가 8개이면 68이에요.

   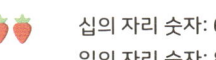

십의 자리 숫자: 6
일의 자리 숫자: 8

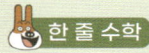 모형을 하나씩 세면 몇인지 바로 알기 어렵지만, 10개씩 묶음으로 세면 한눈에 몇인지 쉽게 알 수 있어요.

1+2+3+4=□

도형과 측정 ▶ 길이 재기

cm 센티미터
길이를 재는 단위

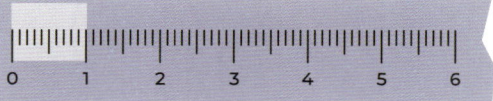

길이를 잴 때 자를 사용해요. 자에는 숫자와 눈금이 있는데,
눈금 한 칸의 길이를 1 cm라 쓰고 1 센티미터라고 읽어요.

1 cm는 1씨엠이 아니에요.

개념연결 m 미터

$$100\,cm = 1\,m$$

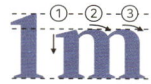

1 m는 100 cm와 같아요. 1 m는 1미터라고 읽어요.

 1 cm, 1 m처럼 길이를 재는 기준으로 사용되는 길이를 단위라고 해요.

4월 20일

스물 → □

묶음과 낱개
묶음과 낱개로 수를 세어 볼까?

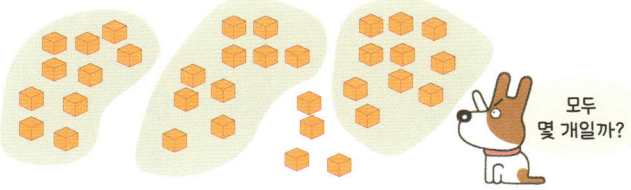

모두 몇 개일까?

모형이 몇 개일까요? 모형의 수를 하나씩 세다 보면 헷갈릴 수도 있고, 내가 센 수가 맞는지 확인하려면 처음부터 다시 수를 세어야 하는 일도 생겨요. 그럼, 모형의 수를 셀 때 어떤 방법이 좋을까요? 10개씩 묶음으로 세면 한눈에 몇인지 쉽게 알 수 있어요. 10개씩 선으로 묶으면 10개씩 묶음이 3개이고 낱개가 4개인 것을 알 수 있어요.

개념연결 10개씩 묶음과 낱개

10개씩 묶음	낱개
5	4

한 줄 수학 수 세기를 할 때 2개, 5개, 10개 등 편리한 방법으로 묶을 수 있어요.

9월 9일

□+3=12

곱셈구구 퍼즐

숨어 있는 곱셈구구를 찾아볼까?

가로와 세로에서 숨어 있는 곱셈구구를 모두 찾아 선으로 묶어 보세요.

2	5	7	4	81	6	3	21
3	5	5	25	45	1	8	10
10	1	35	4	3	7	21	6
4	5	9	20	6	34	7	9
6	4	7	8	56	6	63	54
8	49	5	3	35	8	8	56
48	27	20	24	4	2	8	36
5	8	45	6	9	72	64	54

가로에서 5×5=25,
세로에서 8×3=24를
찾을 수 있어요.

4월 21일

1+2+3+4+5+6=□

수학 디자인
곧은 선으로 만든 곡선

그림과 같이 같은 수끼리 선으로 이어 사각형을 그려 보세요.

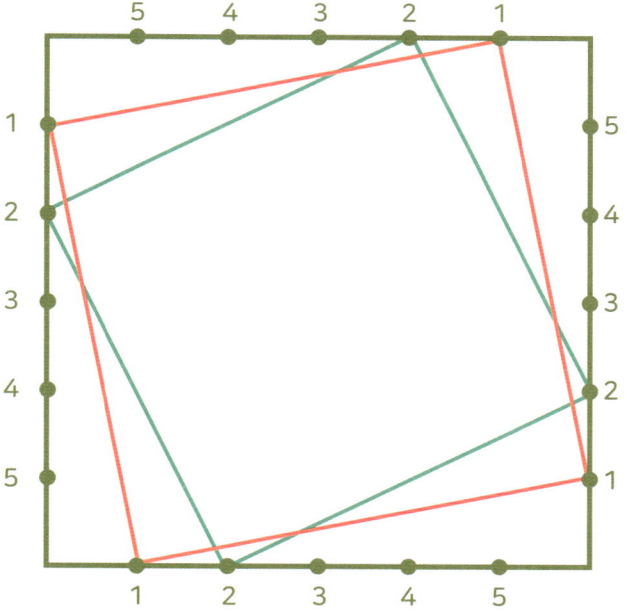

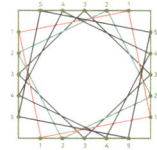

9월 8일

8×1=□

곱셈구구 퍼즐

숨어 있는 곱셈구구를 찾아볼까?

가로와 세로에서 숨어 있는 곱셈구구를 모두 찾아 선으로 묶어 보세요.

5	3	30	5	15	4	6	30
6	7	42	9	6	3	5	2
30	24	3	2	2	4	29	5
2	9	21	5	8	12	13	10
32	6	1	9	13	3	5	15
5	7	4	7	2	14	6	2
28	5	8	63	7	5	42	40
10	35	6	4	40	9	6	54

세로에서 5×6=30,
가로에서 6×7=42를
찾을 수 있어요.

수학 디자인
곧은 선으로 만든 곡선

그림과 같이 같은 수끼리 선으로 이어 삼각형을 그려 보세요.

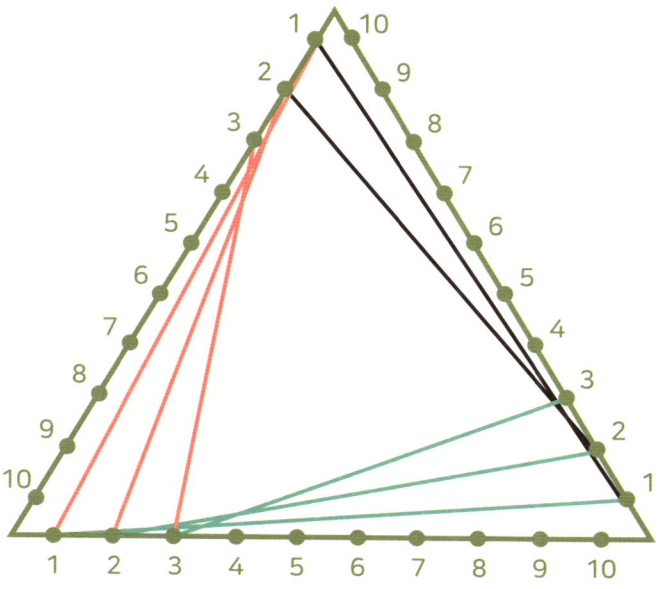

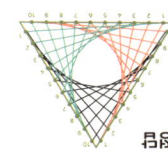

9월 7일

7-0=□

수학 공부
선생님 놀이를 해 볼까?

선생님 놀이
- 공부한 내용을 선생님이 되어 설명해 보아요.
- 친구와 번갈아 가며 선생님이 되어 보세요.

　수학 공부를 할 때 개념을 이해하지 못하면 열심히 공부해도 배운 것이 기억나지 않고, 쉬운 문제도 풀지 못하거나 아는 문제도 자주 실수하게 돼요.
　이때 개념을 익히는 데 가장 좋은 방법이 선생님 놀이예요. 선생님 놀이는 수학 시간에 배운 내용이나 자신이 푼 수학 문제를 친구나 부모님 앞에서 설명해 보는 거예요. 설명할 수 있다면 개념을 충분히 이해한 것이고, 설명하지 못한다면 자신이 모르거나 실수하는 부분을 발견할 수 있어요.

설명할 수 있음 → 개념을 충분히 이해하고 있음
설명하지 못함 → 개념 이해가 부족함

 **한 줄 수학**　설명하지 못하면 모르는 것이에요. 선생님 놀이를 하며 알고 있는 내용과 모르는 내용이 무엇인지 확인해 보세요.

4월 23일

29-6=□

수와 연산 ▸ 100까지의 수

부등호
두 수 사이의 크기를 비교하여 나타내는 기호

2+3=5에서 등호(=)는 양쪽의 값이 서로 같다는 뜻으로 사용돼요.
두 수 7과 4를 비교할 때처럼 한쪽이 더 큰 때는
부등호(>, <)를 사용해 7>4와 같이 나타낼 수 있어요.

개념연결 수의 크기 비교

26    32

"26은 32보다 작습니다."는 26<32로 나타내요.
"32는 26보다 큽니다."는 32>26으로 나타내요.

한 줄 수학 두 수의 크기를 비교할 때 부등호의 벌어진 쪽이 더 큰 수를 향하도록 해요. 작은 수 쪽에는 뾰족한 부분이 와요.

9월 6일

365에서 십의 자리 숫자: □

도형과 측정 ▶ 길이 재기

몸을 이용한 길이 재기

손이나 발로 길이를 재어도 될까?

책상의 길이를 비교하거나 집에서 학교까지의 거리를 잴 때 우리 몸을 이용할 수 있어요. 짧은 길이는 뼘이나 발로 재고 긴 길이는 팔을 벌린 길이나 걸음으로 재요. 몸을 이용한 길이 재기는 별다른 도구 없이 바로 사용할 수 있어서 편리해요.

개념연결 걸음으로 길이 재기

서로 떨어져 있는 두 곳의 길이를 직접 자로 재는 것은 불편할 때가 있어요. 이럴 때 걸음으로 길이를 재면 편리해요. 나무 사이의 거리를 비교할 때 다른 도구 없이 몇 걸음인지 세어 보면 간단히 비교할 수 있어요.

한 줄 수학 단위길이: 뼘, 걸음, cm, m 등 길이를 재는 기준으로 사용되는 길이

4월 24일

21+3=□

수와 연산 ▸ 100까지의 수

짝수
둘씩 짝을 지을 수 있는 수

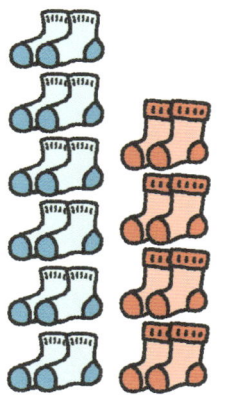

양말 12개를 2개씩 짝지으면
6쌍이 되고 남는 양말이 없어요.
이처럼 물건을 2개씩 짝지었을 때
남는 것이 없으면 **짝수**라고 해요.
짝수는 2에서 시작해서
2씩 커지는 수예요.
2, 4, 6, 8, 10, 12, ······는
짝수예요.

개념연결 수 배열표와 짝수

1	2	3	4	5
6	7	8	9	10
11	12	13	14	15
16	17	18	19	20
21	22	23	24	25

2, 4, 6, 8, 10, 12, ······와 같이 자연수 중 둘씩 짝지었을 때 남는 것이 없는 수를 짝수라고 해요.
수 배열표에서 짝수만 색칠하면 다음과 같은 모양이 돼요.

한 줄 수학 1, 3, 5, 7, ······과 같이 자연수 중에서 짝수가 아닌 수를 홀수라고 해요.

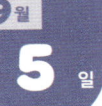

9월 5일

10개씩 ▢묶음 → 50

도형과 측정 ▸ 길이 재기

물건으로 길이 재기

지우개나 클립으로 길이를 잴 수 있을까?

연필이나 클립 같은 물건을 단위로 사용하여 물건의 길이를 잴 수 있어요. 책상의 가로는 연필로, 책의 길이는 클립으로 재어 몇 번쯤인지 나타낼 수 있어요. 이처럼 대강의 길이를 알아보거나 길이를 비교할 때 주변에서 쉽게 찾을 수 있는 물건으로 길이를 재면 편리해요.

개념연결 몇 번쯤

6번보다 조금 짧네.

연필, 클립, 지우개 등으로 길이를 잴 때, 실제 길이보다 조금 남거나 모자랄 때가 있어요. 이럴 때 어림하여 '약' 또는 '몇 번쯤'으로 나타내요.

한 줄 수학

지우개, 연필, 클립 같은 물건을 단위로 사용하여 길이를 잴 수 있어요.

4월 25일

5 - 10 - 15 - 20 - □ - 30

수와 연산 ▶ 100까지의 수

#

둘씩 짝을 지을 때 남는 것이 있는 수

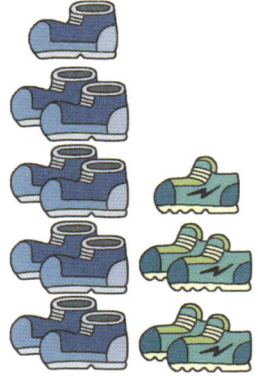

신발 11개를 2개씩 짝지으면 5쌍이 되고 1개가 남아요. 이처럼 물건을 2개씩 짝지었을 때 1개가 남으면 **홀수**라고 해요. 홀수는 1에서 시작해서 2씩 커지는 수예요. 1, 3, 5, 7, 9, 11, ……은 홀수예요.

개념연결 수 배열표와 홀수

1	2	3	4	5
6	7	8	9	10
11	12	13	14	15
16	17	18	19	20
21	22	23	24	25

1, 3, 5, 7, 9, 11, ……과 같이 자연수 중 둘씩 짝을 지을 때 남는 것이 있는 수를 홀수라고 해요.
수 배열표에서 홀수만 색칠하면 다음과 같은 모양이 돼요.

한 줄 수학 2, 4, 6, 8, ……과 같이 자연수 중에서 홀수가 아닌 수를 짝수라고 해요.

9월 4일 — 9+□=13 — 도형과 측정 ▶ 길이 재기

단위길이
길이를 재는 기준으로 사용되는 길이

손의 뼘이나 걸음 또는 자를 이용하여 길이를 잴 수 있어요.
이처럼 길이를 잴 때 사용하는 기준을 <u>단위길이</u>라고 해요.
손의 뼘이나 걸음으로는 사람마다 길이가 달라서 정확한 길이를
나타내기가 어려워요. 그래서 우리나라는 1 cm, 1 m와 같이 모든
사람이 약속한 길이를 단위길이로 사용해요.

개념연결 | 뼘, 걸음

일상생활에서 뼘, 걸음, 나무 막대 등 우리 몸이나 주변에서 쉽게 구할 수 있는 물건을 이용하여 길이를 잴 수 있어요. 길이를 재는 이유에 따라 뼘이나 걸음도 편리한 단위길이가 될 수 있어요.

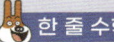 **한 줄 수학** 길이를 잴 때 필요에 따라 여러 가지 단위를 사용할 수 있어요.

4월 26일

25보다 1만큼 더 큰 수: □

수와 연산 ▶ 100까지의 수

묶음
수나 양을 일정한 양으로 묶어 세는 단위

수를 셀 때 2씩, 5씩, 10씩 묶어서 셀 때가 있어요.
몇씩 묶어서 몇 묶음인지 세면 흩어져 있는 수를 빠르게 셀 수 있어요.
이때 몇씩 묶는 단위를 **묶음**이라고 해요.

10개씩 묶음 8개 → 80개

사과 10개씩 묶음 8개를 80개라고해요.

개념연결 묶음과 곱셈 ■씩 ▲묶음 = ■×▲

4   8   12

묶음은 곱셈의 기초가 돼요.
4씩 3묶음은 4의 3배와 같아요.
→ 덧셈식 4+4+4=12
　곱셈식 4×3=12

🐰 **한 줄 수학** 몇씩 묶어 세기는 수 세기와 곱셈의 기초가 돼요.

9월 3일

□+7=10

수와 연산 ▶ 덧셈과 뺄셈

□가 사용된 식

모르는 수를 □로 하여 식을 만들 수 있을까?

"어떤 수에 4를 더했더니 9가 되었어요. 어떤 수는 얼마일까요?"
이런 문제가 나온다면 어떤 수를 □로 하여 □+4=9와 같이
식으로 나타낼 수 있어요. 이처럼 모르는 수나 구하고자 하는 수를
□를 써서 계산할 수 있어요.

개념연결 □의 값 구하기

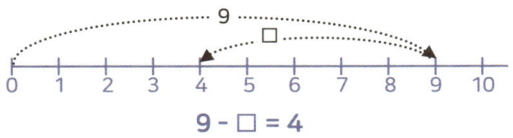

9 - □ = 4

수직선을 보고 □가 들어간 식을 만들 수 있어요. 9에서 □만큼 뺀 수가 4이므로 9-□=4와 같이 뺄셈식으로 나타낼 수 있고, 이때 □의 값은 5가 돼요.

한 줄 수학 모르는 수를 □ 대신 ○, ☆ 등 다양한 기호를 써서 나타낼 수도 있어요.

4월 27일

24+3=□

동전

동전에는 어떤 것들이 있을까?

10원

50원

100원

500원

요즘은 물건을 살 때 스마트폰이나 카드를 많이 이용하지만, 예전에는 종이돈이나 동전을 많이 사용했어요. 동전은 무거워서 들고 다니기 불편하지만, 물건을 살 때 잔돈을 낼 수 있는 점은 편리해요. 우리나라 동전에는 1000원보다 작은 단위인 500원, 100원, 50원, 10원짜리가 있어요. 예전에는 1원, 5원짜리 동전도 사용되었어요.

개념연결 | 동전으로 낼 수 있는 금액

500원, 100원, 50원, 10원짜리 동전이 각각 1개씩 있을 때 낼 수 있는 금액은 다음과 같아요.
- 동전 1개: 10원, 50원, 100원, 500원
- 동전 2개: 60원, 110원, 510원, 150원, 550원, 600원
- 동전 3개: 160원, 560원, 610원, 650원
- 동전 4개: 660원

한 줄 수학 동전에서 그림이 있는 쪽을 그림면(앞면), 숫자가 있는 쪽을 숫자면(뒷면)이라고 해요.

9월 2일

12=□+10

거울 퍼즐
모양과 색깔에 맞게 도형 색칠하기

도형을 거울에 비추면 왼쪽과 오른쪽이 바뀌어 보여요.
거울에 비친 도형의 모습을 그려 볼까요?

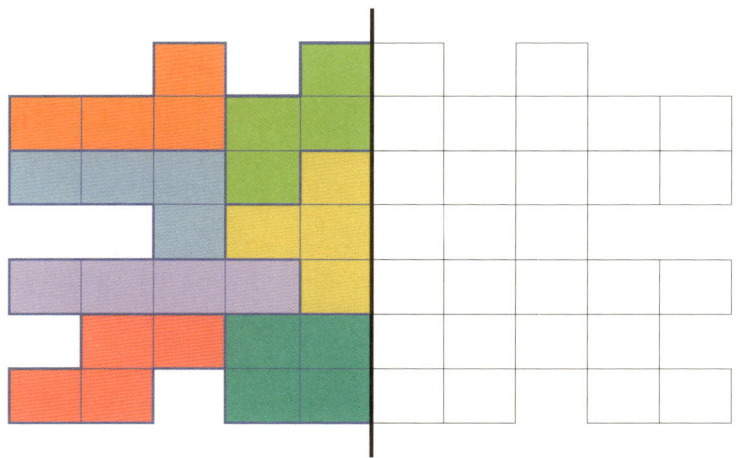

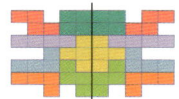

4월 28일

1+2+3+4+5+6+7=□

곱셈구구 디자인

곱셈구구로 멋진 무늬 만들기

3단 곱셈구구의 일의 자리 숫자를 0부터 선으로 이어 보세요.

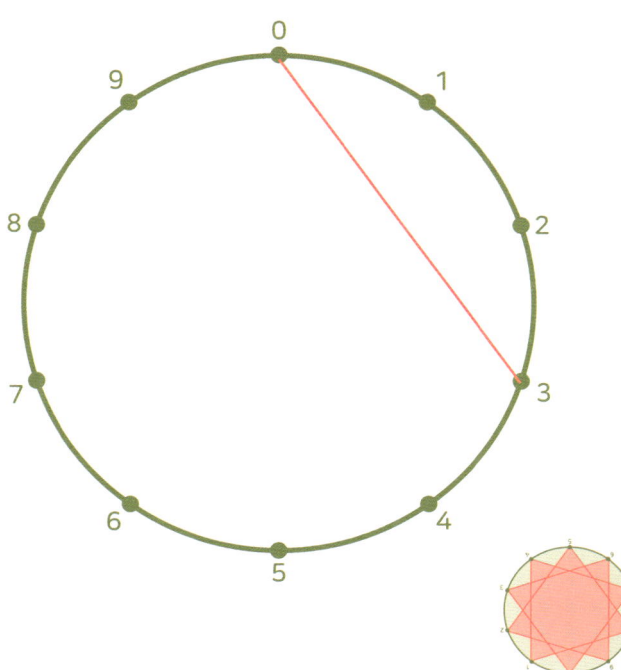

9월 1일

100 cm = □ m

거울 퍼즐
모양과 색깔에 맞게 도형 색칠하기

도형을 거울에 비추면 왼쪽과 오른쪽이 바뀌어 보여요.
거울에 비친 도형의 모습을 그려 볼까요?

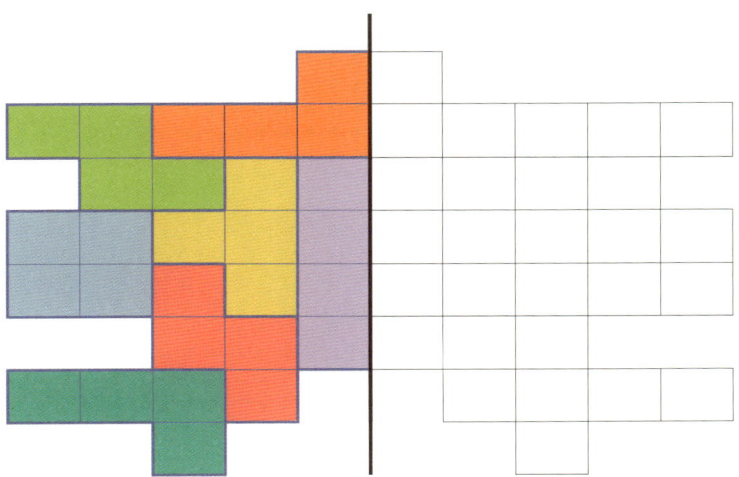

4월 29일

30보다 1만큼 더 작은 수: □

곱셈구구 디자인

곱셈구구로 멋진 무늬 만들기

4단 곱셈구구의 일의 자리 숫자를 0부터 선으로 이어 보세요.

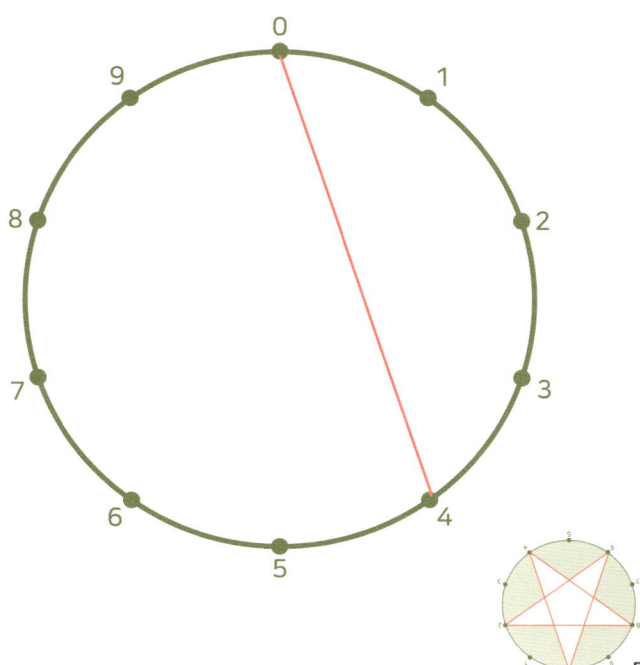

9월

4월 30일

10 - 20 - □ - 40 - 50

수와 연산 ▸ 100까지의 수

낱개
여럿 가운데 따로따로인 한 개 한 개

낱개

묶음

따로 흩어져 있는 하나하나를 **낱개**라고 하고,
일정한 양으로 묶어 놓은 것을 **묶음**이라고 해요.
수 모형에서 일 모형 하나하나를 낱개라고 해요.

개념연결 | 10개씩 묶음 1개 = 낱개 10개

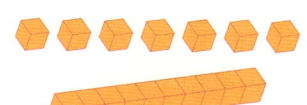

| 17 | 10개씩 묶음 1개와 낱개 7개

받아올림이 있는 덧셈을 할 때 낱개 10개를 10개씩 묶음 1개로 바꾸어 계산해요.
받아내림이 있는 뺄셈에서 10개씩 묶음 1개를 낱개 10개로 바꾸어 계산해요.

🐰 **한 줄 수학**   십 모형: 10을 나타내는 수 모형으로 십 모형 1개는 낱개 10개와 같아요.

8월 31일

□+40=71

수학 공부
수학은 계산만 잘하면 되는 걸까?

생활 속에서 규칙을 발견한다거나
여러 가지 모양을 비교하는 것 모두 수학이지.

수학 하면 덧셈, 뺄셈과 같은 계산만 떠올리는 사람이 있어요. 그런데 계산은 수학의 아주 작은 부분이에요. 생활 속에서 규칙을 발견하는 것도 수학이고, 여러 가지 모양을 비교하며 탐구하는 것도 수학이에요. 수학을 배우는 가장 중요한 이유는 수학이 생각하는 힘을 키워 주는 학문이기 때문이에요. 수학 공부를 하다 보면 우리 생활의 문제를 해결하기 위하여 여러 가지 생각들을 하게 돼요. 이때 여러분의 생각하는 힘이 길러진답니다.

개념연결 | 계산보다 중요한 것

덧셈이나 뺄셈을 잘하면 수학을 공부하는 데 도움이 돼요. 하지만 단순히 계산을 빨리 하는 것보다 왜 그런지 원리를 탐구하고, 생활 속에서 수학을 찾아보는 태도가 훨씬 중요해요.

 한 줄 수학   덧셈과 뺄셈은 계산 속도보다 계산 원리를 이해하는 것이 훨씬 중요해요.

5월

8월 30일

50-20=□

수와 연산 ▸ 덧셈과 뺄셈

덧셈과 뺄셈의 관계

덧셈식을 뺄셈식으로 어떻게 나타낼까?

$$5 + 8 = 13 \begin{cases} 13 - 5 = 8 \\ 13 - 8 = 5 \end{cases}$$

덧셈식 5+8=13을 세 수 5, 8, 13을 이용하여 13-5=8, 13-8=5와 같이 뺄셈식으로 나타낼 수 있어요. 또 뺄셈식 13-5=8을 5+8=13 또는 8+5=13과 같이 덧셈식으로 나타낼 수 있어요.

개념연결 수직선에서 알아보기

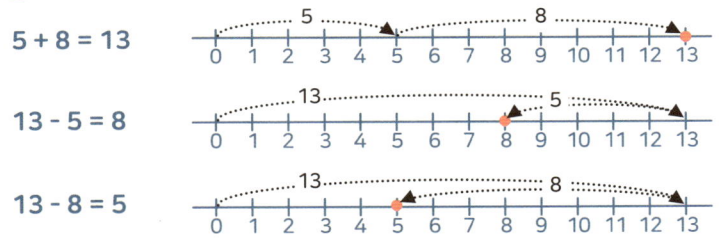

수직선에 덧셈식과 뺄셈식을 나타내면 덧셈과 뺄셈의 관계를 한눈에 볼 수 있어요.

🐰 **한 줄 수학**   덧셈식에 있는 세 수를 이용하여 뺄셈식을 만들 수 있어요.

5월 1일

가장 작은 홀수: □

수와 연산 ▶ 덧셈과 뺄셈(1)

6+4+2
앞의 두 수로 10을 만들어 더해 볼까?

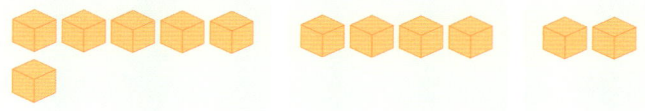

$$6 + 4 + 2 = 12$$

① 10
② 12

합이 10이 되는 앞의 두 수를 먼저 더한 다음,
남은 다른 수를 더하는 방법으로 계산할 수 있어요.
이때 (십)+(몇)=(십몇)이므로
앞의 두 수로 10을 만들어 더하는 세 수의 덧셈을 하면 십몇이 돼요.

개념연결 (몇)+(몇)=(십몇)

$$8 + 7 = 15$$
      2   5

(몇)+(몇)=(십몇)에서 10을 만들어 더하기 위해 한 수를 가르기 해요. 8+7을 8+2+5로 나타내어 10+5=15와 같이 계산할 수 있어요.

한 줄 수학
세 수의 덧셈을 할 때 먼저 10이 되는 두 수를 찾으면 편리해요.

8월 29일

30-1=□

수와 연산 ▸ 덧셈과 뺄셈

35-19+14
덧셈부터 계산해도 될까?

35 - 19 + 14 = 30
16
30

옳은 계산

35 - 19 + 14 = 2
33
2

틀린 계산

덧셈과 뺄셈이 섞여 있는 세 수의 계산은 앞에서부터 차례대로 계산해야 해요. 만약 뒤의 두 수부터 먼저 계산하게 되면 엉뚱한 결과가 나올 수 있어요.

개념연결 | 세 수의 덧셈

6 + 7 + 3 = 16
10
16

세 수의 덧셈은 계산 순서를 다르게 해도 계산 결과가 같아요.
6+7+3의 경우 뒤의 두 수를 먼저 더해 6+10=16으로 계산해도 돼요.

한 줄 수학 혼합 계산: 덧셈과 뺄셈 등이 섞여 있는 식을 계산하는 것

5월 2일

가장 작은 짝수: □

수와 연산 ▶ 덧셈과 뺄셈(1)

5+7+3
뒤의 두 수로 10을 만들어 더해 볼까?

5 + 7 + 3 = 15
12
15

5 + 7 + 3 = 15
10
15

세 수의 덧셈은 앞의 두 수를 먼저 더한 다음, 그 값에 남은 수를 더해요.
그런데 더하는 순서를 다르게 하여도 계산 결과는 같아요.
5+7+3의 경우 앞에서부터 더해도 되지만 뒤에 오는 7+3=10을
먼저 계산하고 앞에 있는 5를 더하면 더 쉽게 계산할 수 있어요.

개념연결 (몇)+(몇)=(십몇)

7 + 8 = 15
5 2
10
15

(몇)+(몇)=(십몇)에서 10을 만들어 더하기 위해 앞에 오는 수를 가르기 해요.
7+8을 5+2+8로 나타내어 5+10=15와 같이 계산할 수 있어요.

한 줄 수학 10이 되는 두 수: 1-9, 2-8, 3-7, 4-6, 5-5

8월 28일

34-6=□

수와 연산 ▶ 덧셈과 뺄셈

35-17

17을 20으로 바꿔서 계산해도 될까?

$$35 - 17$$
$$\downarrow +3 \quad \downarrow +3$$
$$38 - 20 = 18$$

받아내림이 있는 뺄셈이 어렵게 느껴질 때도 있어요.
하지만 빼는 수를 몇십으로 바꾸는 방법으로 간단히 계산할 수 있어요.
두 수에 같은 수를 더해 (몇십몇)-(몇십)으로 계산해요.
예를 들어 35-17을 계산할 때 17에 3을 더했으면
앞에 오는 35에도 3를 더해서 38-20으로 바꾸어 계산할 수 있어요.

개념연결 | 같은 수를 더하여 뺄셈하기

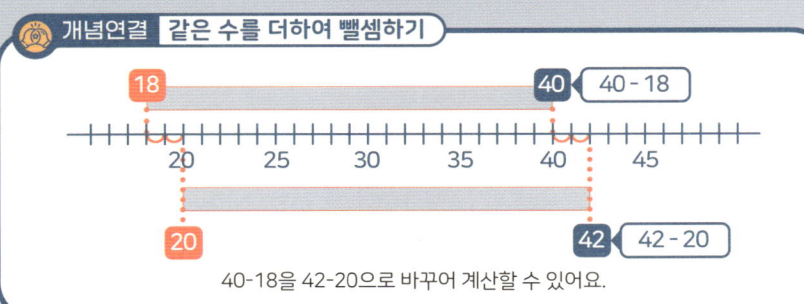

40-18을 42-20으로 바꾸어 계산할 수 있어요.

한 줄 수학 (몇십몇)-(몇십몇)을 (몇십몇)-(몇십)으로 바꾸어 계산할 수 있어요.

5월 3일

□ - 6 - 9 - 12 - 15

수와 연산 ▶ 덧셈과 뺄셈(1)

7-4-1
세 수의 뺄셈은 어떻게 할까?

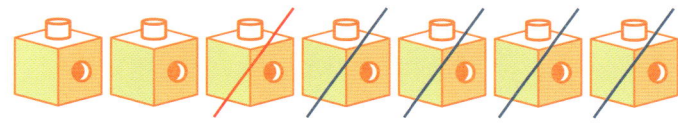

$$7 - 4 = 3$$
$$3 - 1 = 2$$

세 수의 뺄셈은 앞에서부터 순서대로 계산해요.
먼저 처음 수 7에서 4를 빼고, 이 계산 결과에서 남은 수 1을 빼요.
7-4-1을 그림으로 살펴보면 7에서 5를 빼는 것과 같아요.

개념연결 | 뺄셈의 계산 순서

$$7 - 4 - 1 = 2$$
   └3┘
   └─2─┘
   O

$$7 - 4 - 1 = 4$$
       └3┘
   └─4─┘
   X

세 수의 뺄셈은 계산 순서에 따라 계산 결과가 달라지므로 반드시 앞에서부터 차례로 계산해야 해요.

🐰 **한 줄 수학** 세 수의 뺄셈: 처음 수에서 나머지 두 수를 빼는 셈

8월 27일

18+9=□

수와 연산 ▶ 덧셈과 뺄셈

어림하여 계산하기
어림은 왜 필요할까?

책이 모두 몇 권쯤이지?

덧셈과 뺄셈을 정확하게 계산해야 할 때도 있지만 대강 얼마쯤인지 짐작하여 계산할 때도 있어요. 책꽂이에 있는 책의 수를 정확히 세어야 할 때도 있지만 대강 몇 권쯤인지 알고 싶을 때는 어림만 사용해도 충분해요.

개념연결 54+87 어림하기

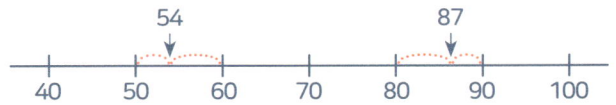

어른 54명, 어린이 87명이 공연장에 모였어요. 54는 50에 가깝고, 87은 90에 가까우므로 모인 사람의 수를 어림하여 약 140명이라고 할 수 있어요.

한 줄 수학 어림: 정확한 값을 구하지 않고 대강 얼마쯤인지 알아보는 것

5월 4일

36-32=□

수학 마술 카드
네가 생각한 수를 알아맞힐 수 있어!

1	3	5	7
9	11	13	15
17	19	21	23
25	27	29	31

2	3	6	7
10	11	14	15
18	19	22	23
26	27	30	31

4	5	6	7
12	13	14	15
20	21	22	23
28	29	30	31

8	9	10	11
12	13	14	15
24	25	26	27
28	29	30	31

16	17	18	19
20	21	22	23
24	25	26	27
28	29	30	31

마술 카드 맨 앞에 있는 숫자가 '마법의 수'예요.

상대가 생각한 수를 알아맞히는 신기한 수학 마술이에요.
방법은 다음과 같아요.

① 상대에게 31까지의 수 중 하나를 마음속으로 생각하게 해요.
② 마술 카드를 한 장씩 보여 주고, 생각한 수가 있는 카드를 모두 고르게 해요.
③ 고른 카드에서 마법의 수를 모두 더하면 상대가 생각한 수가 나와요.

한 줄 수학 마법의 수 1, 2, 4, 8, 16을 더하는 방법으로 1부터 31까지의 수를 모두 만들 수 있어요.

8월 26일

18+8=□

세 수의 합

한 줄에 놓인 수들의 합이 같게 해 볼까?

1부터 9까지의 수를 적어 한 줄에 놓인 수들의 합이 모두 같게 만들려고 해요.
빈 곳에 알맞은 수를 써넣으세요.

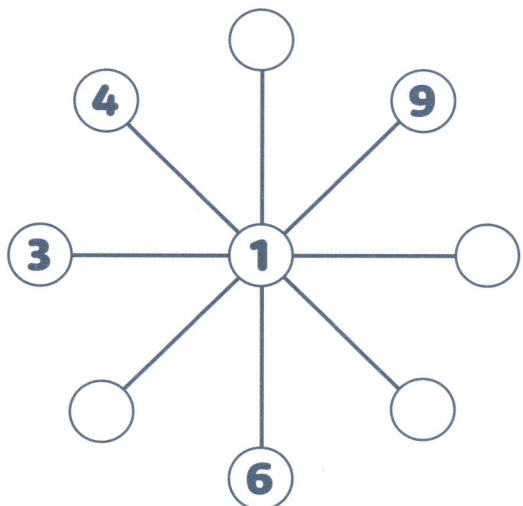

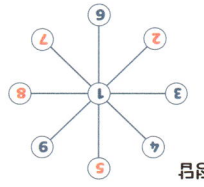

정답

5월 5일

어린이날: 5월 □일

네모네모 로직
숨어 있는 그림을 찾아라!

가로줄과 세로줄에 적혀 있는 숫자를 보면서 숨겨진 그림을 찾는 퍼즐이에요.

		2	1	2	
	3	1	1	1	3
	3	■	■	■	
2	2	■	■		■ ■
1	1	■		■	
	5	■	■	■	■ ■
	1			■	

방법

① 숫자는 가로줄 또는 세로줄에 있는 검은 칸의 개수예요.
② 숫자만큼 칸이 이어져 있어요.
③ 숫자와 숫자 사이는 한 칸 이상 비어 있어요.
④ 빈칸을 채워 가며 숨은 그림을 찾아요.

		1	2		1	2
		2	1	1	2	1
2	1					
1	2					
	1					
2	1					
1	2					

8월 25일

□+5=30

숨어 있는 삼각형

숨어 있는 삼각형을 몇 개나 찾을 수 있을까?

그림에서 찾을 수 있는 크고 작은 삼각형은 모두 몇 개인가요?

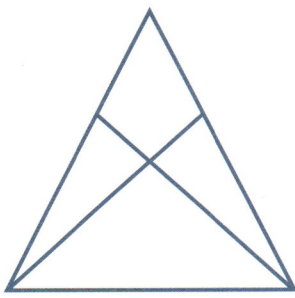

선을 따라 삼각형을 그려 보세요. 숨어 있는 작은 삼각형부터 삼각형 여러 개를 품은 커다란 삼각형까지 찾을 수 있어요.

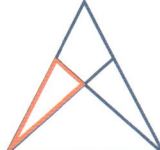
도형 1개로 만든 경우

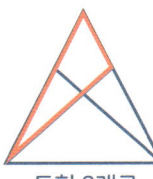
도형 2개로 만든 경우

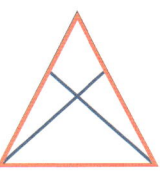
가장 큰 삼각형

5월 6일

2+1+3=□

네모네모 로직
숨어 있는 그림을 찾아라!

가로줄과 세로줄에 적혀 있는 숫자를 보면서 숨겨진 그림을 찾는 퍼즐이에요.

		2	1	2	
	3	1	1	1	3
3					
2 2					
1 1					
5					
1					

방법
① 숫자는 가로줄 또는 세로줄에 있는 검은 칸의 수예요.
② 숫자만큼 칸이 이어져 있어요.
③ 숫자와 숫자 사이는 한 칸 이상 비어 있어요.
④ 빈칸을 채워 가며 숨은 그림을 찾아요.

			1	2	1	2	1	
		3	2	1	1	1	2	3
	2 2							
1 3 1								
	1 1							
	2 2							
	1 1							
	1 1							
	1							

정답

7+8+9=□

숫자가 사라진 하루

숫자 없이 보내는 하루는 어떨까?

숫자가 사라졌어요. 시곗바늘은 재깍재깍 움직이고 있지만,
숫자가 없으니 바늘 위치만으로 대충 시각을 알아내어 집을 나섰어요.

과자를 사려고 편의점에 갔는데, 이런! 가격표의 숫자가 모두 사라졌어요.
숫자가 사라진 돈도 사용할 수 없게 됐어요.
버스를 타려고 정류장에 갔더니, 버스 번호가 사라져서 어떤 버스를
타야 하는지 알 수 없었어요. 숫자 없는 하루는 정말 불편하네요.

한 줄 수학 숫자는 생활 곳곳에 쓰여 우리가 편리하고 안전하게 생활하도록 도와줘요.

5월 7일

10-3=□

> 수와 연산 ▸ 덧셈과 뺄셈(1)

10-5-3
뒤의 두 수 5-3을 먼저 계산해도 될까?

```
10 - 5 - 3 = 2
      └─┬─┘
        5
        └───┬───┘
            2
```

세 수의 뺄셈은 앞에서부터 순서대로 계산해요.
한 번 공을 굴려 볼링핀 5개를 넘어뜨렸고,
다시 공을 굴려 3개를 더 넘어뜨렸을 때,
남은 볼링핀의 개수는 10-5-3=2(개)가 됩니다.
그런데 5-3을 먼저 계산하면
계산 결과가 5-3=2, 10-2=8이 되어 엉뚱한 값이 나와요.
따라서 세 수의 뺄셈을 할 때는 계산 순서를 잘 지켜야 해요.

개념연결 10-5-3=2, 10-3-5=2인 이유

세 수의 뺄셈은 처음 주어진 수에서 나머지 두 수를 빼는 셈이에요. 10-5-3은 10에서 5와 3을 빼는 셈이므로 10에서 5와 3중 어느 수를 먼저 빼도 계산 결과는 같아요.

한 줄 수학 뺄셈: 앞의 수에서 뒤의 수를 빼어 값을 구하는 셈

8월 23일 31-8=□   수와 연산 ▸ 덧셈과 뺄셈

52-17
여러 가지 뺄셈 방법을 알아볼까?

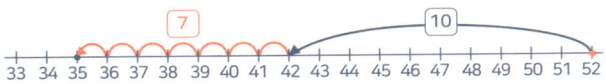

52 - 17 = 35

수직선에서 52에서 10을 먼저 뺀 후 7을 빼요.

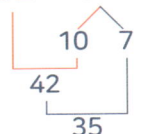

52에서 10을 먼저 뺀 후 7을 빼요.

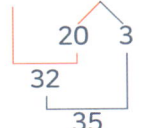

52에서 20을 먼저 뺀 후 3을 더해요.

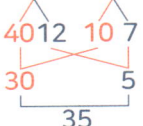

52를 가르기 하여 (몇십)-(몇십), (십몇)-(몇)의 값을 더해요.

개념연결 (몇십몇)-(몇십)으로 바꾸어 계산하기

52 - 17 = 35
  +3   +3
  ↓
55 - 20 = 35

(몇십몇)-(몇십몇)을 (몇십몇)-(몇십)으로 바꾸어 계산할 수 있어요.
예를 들어 52-17에서 두 수에 3을 더하면 55-20이 되어 쉽게 계산할 수 있어요.

한 줄 수학 여러 가지 뺄셈 방법을 탐구하면 뺄셈 원리를 잘 알 수 있어요.

10이 되는 두 수

5월 8일 어버이날: 5월 □일 수와 연산 ▸ 덧셈과 뺄셈(1)

1+9, 2+8, 3+7, 4+6, 5+5, ……

| 1 — 9 | 2 — 8 | 3 — 7 | 4 — 6 | 5 — 5 |
| 6 — 4 | 7 — 3 | 8 — 2 | 9 — 1 |

☐ + ☐ = 10

2+8=10, 4+6=10과 같이 두 수를 더해 10이 될 때
2와 8, 4와 6을 **10이 되는 두 수**라고 해요.
10을 3과 7로 가르기 할 수 있고, 3과 7을 모으기 하면 10이 돼요.
이처럼 10을 둘로 가르기 한 수는 10이 되는 두 수예요.

개념연결 10이 되는 두 수를 이용한 덧셈

7 + 3 + 5 =
└─┘
 10

→

7 + 8 =
  ╱╲
 3 5

10이 되는 두 수를 먼저 더하면
덧셈을 편리하게 할 수 있어요.

가르기로 10이 되는 두 수를 만들어
덧셈할 수 있어요.

 **한 줄 수학** (몇)+(몇)=(십몇)은 10+(몇)을 이용하여 계산할 수 있어요.

8월 22일　　18+4=□　　　　　　　수와 연산 ▸ 덧셈과 뺄셈

27+15

여러 가지 덧셈 방법을 알아볼까?

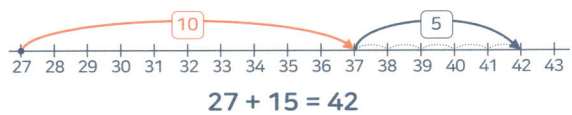

$$27 + 15 = 42$$

수직선에서 27에 10을 먼저 더한 후 5를 더해요.

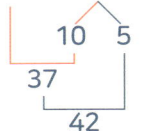

27 + 15 = 42
　　　10 5
　37
　　42

27에 10을 먼저 더한 후 5를 더해요.

27 + 15 = 42
　　　20 5
　47 빼기
　　42

27에 20을 먼저 더한 후 5를 빼요.

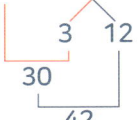

27 + 15 = 42
　　　3 12
　30
　　42

뒤의 수를 가르기 하여 27을 30으로 만들고 12를 더해요.

개념연결 | 세로셈

	2	7
+	1	5
	1	2	← 7+5=12
	3	0	← 20+10=30
	4	2

같은 자리의 수끼리 계산한 값을 더해요.

	1	
	2	7
+	1	5
	4	2

받아올림한 수를 십의 자리에 써서 계산해요.

🐰 **한 줄 수학**　여러 가지 덧셈 방법을 탐구하면 덧셈 원리를 잘 알 수 있어요.

5월 9일

4+5=□

수와 연산 ▶ 덧셈과 뺄셈(1)

10이 되는 더하기

(몇)+(몇)=10이 되는 두 수를 찾아볼까?

9 + 1 = 10
8 + 2 = 10
7 + 3 = 10
6 + 4 = 10
5 + 5 = 10
4 + 6 = 10
3 + 7 = 10
2 + 8 = 10
1 + 9 = 10

개념연결 | 10이 되는 더하기와 10에서 빼기

8+2=10, 2+8=10과 같이 10이 되는 두 수의 순서를 바꾸어 더해도 계산 결과는 항상 10으로 같아요. 또 □+△=10이 되는 두 수는 10에서 빼기를 이용하여 구할 수도 있어요. 10-4=6에서 4와 6은 10이 되는 두 수예요.

한 줄 수학
□+△=△+□ 두 수를 바꾸어 더해도 계산 결과는 같아요.

30-9=□

수와 연산 ▸ 덧셈과 뺄셈

56+27

꼭 세로셈으로 고쳐 풀어야 할까?

56+27처럼 두 수를 더할 때 식을 세로로 써서 일의 자리부터 계산하면 더 쉽고 계산 과정에서 실수를 줄일 수 있어요. 하지만 꼭 세로셈으로 계산해야 하는 것은 아니에요. 덧셈 문제를 보고 편한 방법으로 계산하면 돼요. 가로셈은 식을 읽고 써서 나타내기 편리하고, 계산 과정을 잘 보여 주기 때문에 계산 방법이나 원리를 탐구하기 좋아요.

개념연결 | 가로셈과 세로셈

```
56 + 27 = 83
      ┌─┴─┐
      4  23
   ┌──┘
   60
    └──┐
      83
```

	1	
	5	6
+	2	7
	8	3

가로셈은 계산 과정을 잘 알 수 있어요.   세로셈은 계산 실수를 줄일 수 있어요.

한 줄 수학 세로셈에서는 자릿값과 계산 방법을 잘 알고 있어야 계산 실수를 줄일 수 있어요.

5월 10일

3+7=□

수와 연산 ▶ 덧셈과 뺄셈(1)

10에서 빼기
10에서 빼기를 해 볼까?

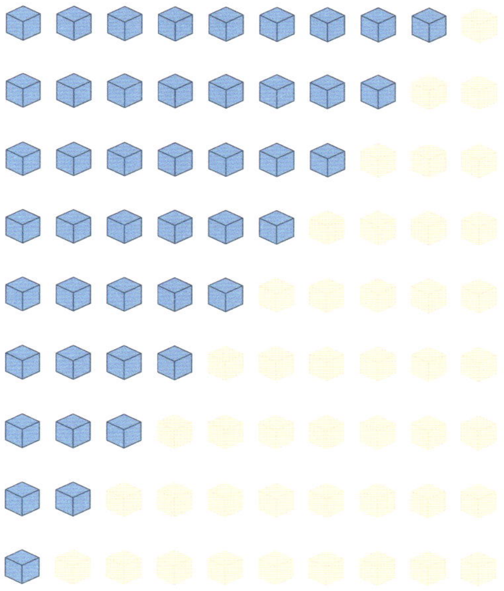

10 - 1 = 9
10 - 2 = 8
10 - 3 = 7
10 - 4 = 6
10 - 5 = 5
10 - 6 = 4
10 - 7 = 3
10 - 8 = 2
10 - 9 = 1

개념연결 | 10에서 빼기와 10이 되는 더하기

10-3=7, 10-7=3에서 빼는 수와 계산 결과를 더하면 10이 됩니다. 10-□=△에서 □+△=10 이에요. 10에서 빼기는 10이 되는 더하기를 이용하여 구할 수 있어요.

한 줄 수학 10-□=△, 10-△=□에서 □+△=10

8월 20일

50-30=□

수와 연산 ▶ 덧셈과 뺄셈

33-9

뺄셈에서 받아내림한 수는 어디에 쓸까?

① 받아내림하여 일의 자리 계산하기

② 남은 십의 자리 수 내려쓰기

	3	3
-		9

	2	10
	~~3~~	3
-		9
		4

① 13-9=4

	2	10
	~~3~~	3
-	↓	9
	2	4

② 20-0=20

33-9처럼 일의 자리 수끼리 뺄셈을 할 수 없으면
십의 자리의 1을 10으로 받아내림하여 13-9를 계산해요.
받아내림한 수는 일의 자리 위에 조그맣게 10을 써서 나타내요.
그리고 십의 자리 수를 지우고 1을 뺀 수를 작게 써서 계산해요.

개념연결 (두 자리 수)-(한 자리 수)의 계산

같은 자리끼리 계산해요. 일의 자리끼리 뺄 때 빼는 수의 일의 자리가 크면 십의 자리에서 10을 받아내림하여 계산해요.

한 줄 수학 받아내림한 수와 받아내림하고 남은 수는 각 자리에 조그맣게 써요.

5월 11일

15-4=□

수학 마술
떨어져 있는 클립을 하나로

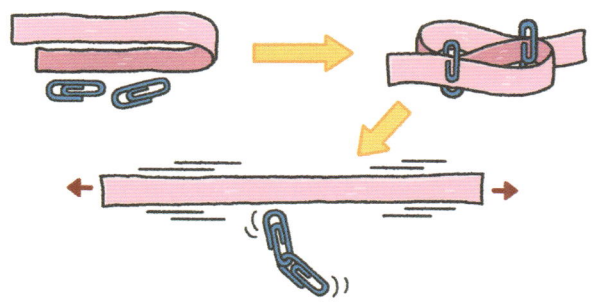

서로 떨어져 있는 클립 2개를 하나로 연결하는 신기한 마술이 있어요.
우선 종이띠와 클립 2개를 준비해요. 준비를 마쳤다면
위의 그림을 보고 다음 설명과 같이 도전해 보세요.

① 종이띠와 클립 2개를 준비해요.
② 그림과 같이 종이띠에 클립을 연결해요. 이때 종이띠에 클립을 어떻게 끼우는지 잘 살펴보아야 해요.
③ 종이띠의 양쪽 끝을 힘차게 당겨요.

짜잔! 어때요. 서로 떨어져 있던 클립이 하나로 연결되었지요.

 **한 줄 수학** 수학 마술은 수학의 원리를 이용한 마술이에요. 클립을 연결하는 것처럼 도형이 어떻게 연결되었는지 탐구하는 것도 수학의 한 분야예요.

8월 19일

□-9=10

별 마방진
한 줄에 놓인 수들의 합을 같게 해 볼까?

1부터 12까지의 수를 한 번씩만 써넣어 한 줄에 놓인 수들의 합이 26이 되도록 했어요. 빈 곳에 알맞은 수를 써넣으세요.

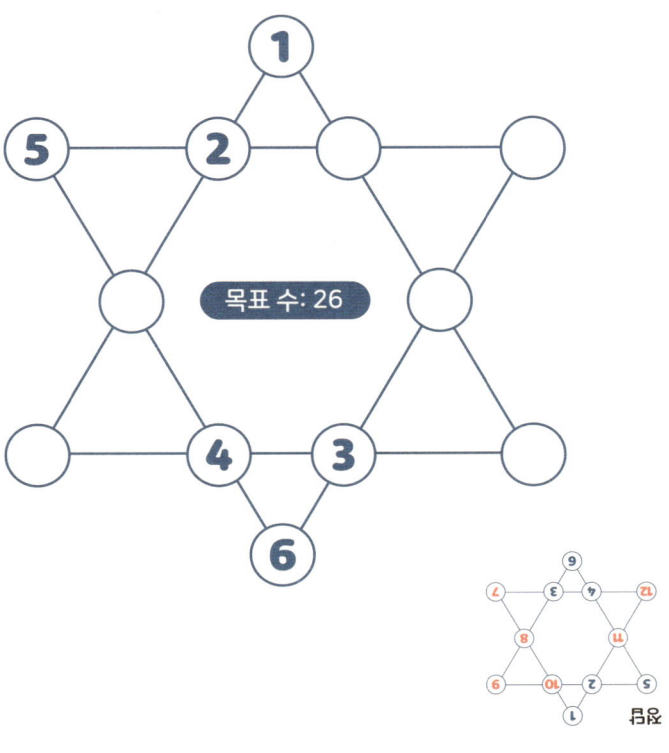

목표 수: 26

5월 12일

10+2=□

삼각진
삼각형 마방진

1에서 6까지의 수를 한 번씩만 써넣어
한 줄에 있는 세 수의 합이 목표 수가 되도록 해 보세요.

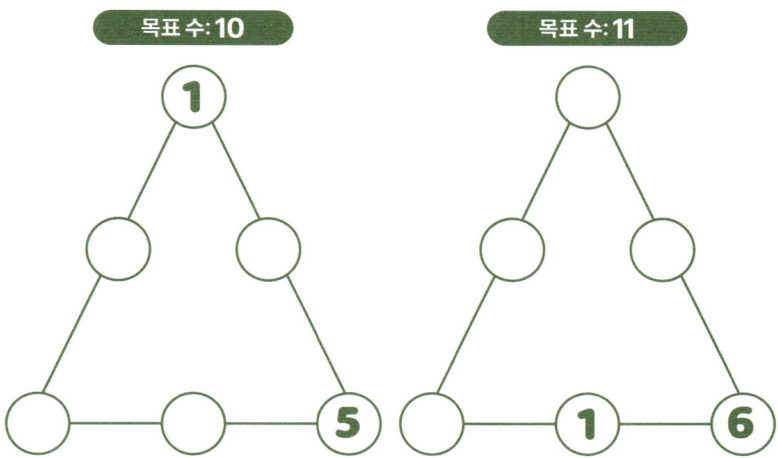

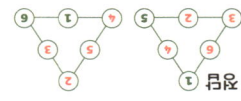

한 줄 수학 삼각형 모양의 마방진을 삼각진이라고 해요.

8월 18일

5+6+7=□

별 마방진
한 줄에 놓인 수들의 합을 같게 해 볼까?

1부터 12까지의 수를 한 번씩만 써넣어 한 줄에 놓인 수들의 합이 26이 되도록 했어요. 빈 곳에 알맞은 수를 써넣으세요.

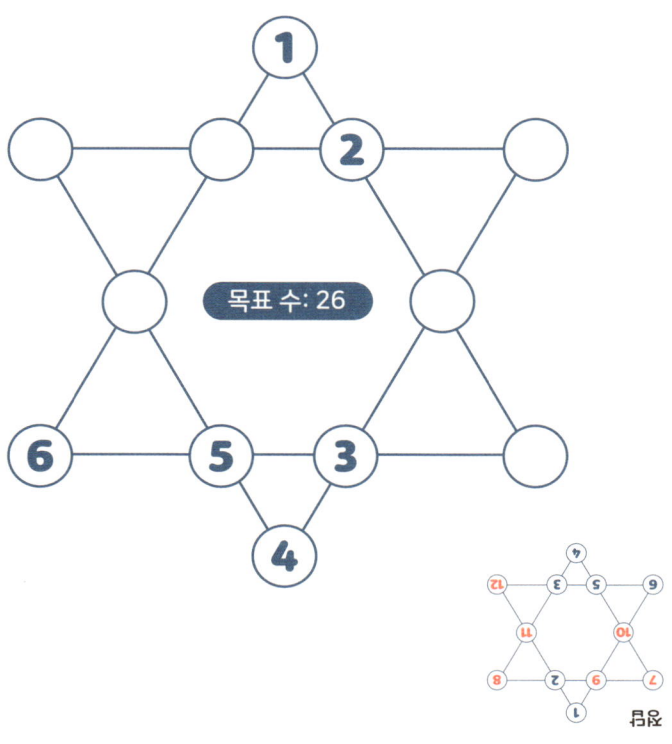

목표 수: 26

5월 13일

6+7=□

삼각진
삼각형 마방진

1에서 9까지의 수를 한 번씩만 써넣어
한 줄에 있는 세 수의 합이 목표 수가 되도록 해 보세요.

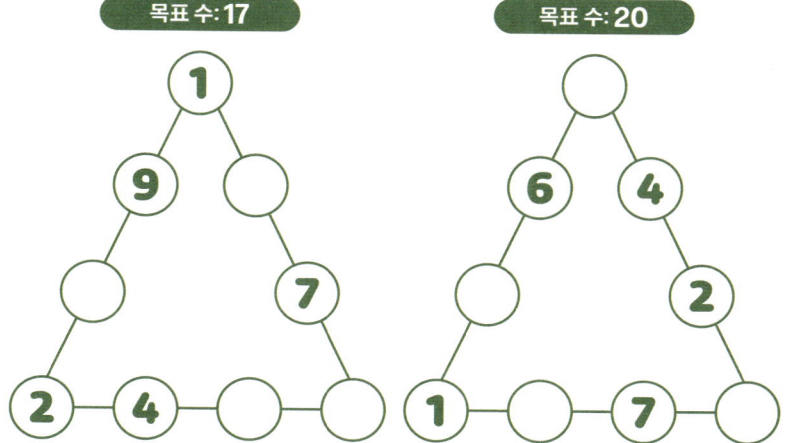

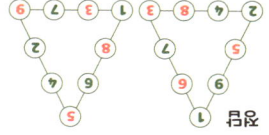

47-30=□

수학이 쓰이는 곳

수학은 어디에 쓰일까?

수학은 우리가 생각하는 거의 모든 곳에 쓰여요.
수를 세고, 시계를 보고, 키를 재는 일은
모두 수학이 있기 때문에 가능한 일이에요.

도서관에서 원하는 책을 쉽게 찾는 방법에도,
마트에서 필요한 물건을 고르고 사는 것에도 수학이 쓰여요.
길을 안전하게 건널 수 있는 것도 시간과 규칙이 있기 때문이죠.

내 키는 몇 cm일까?

한 줄 수학 이 세상은 정말 수학으로 가득해요. 주변에서 수학이 쓰이는 곳을 찾아보세요.

5월 14일

10 - 12 - □ - 16

도형과 측정 ▸ 모양과 시각

□, △, ○
여러 가지 모양

주변에서 여러 가지 모양을 찾아보고 모양의 특징에 따라
□, △, ○ 모양으로 분류할 수 있어요.
지우개는 □ 모양, 삼각김밥은 △ 모양, 음료수 병은 ○ 모양이에요.
모양의 특징을 관찰하여 모양에 어울리는 새로운 이름도 지을 수 있어요.

개념연결 ｜ 모양의 이름

모양	□	△	○
이름	네모, 사각형	세모, 삼각형	동그라미, 원

주변에서 □, △, ○ 모양을 찾을 수 있어요. 이제 모양을 찾으면 모양의 이름을 불러 주세요.

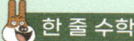 **한 줄 수학** 분류: 어떤 사물을 일정한 기준에 따라 나누는 것

8월 16일

7+9=□

수와 연산 ▸ 덧셈과 뺄셈

37+8=315?

덧셈에서 받아올림한 수는 어디에 쓸까?

받아올림이 없는 덧셈은 같은 자리 수끼리 더하면 되지만, 받아올림이 있으면 받아올림한 수를 기억해야 해요. 만약 받아올림에서 실수하면 37+8을 315나 35처럼 엉뚱하게 계산할 수 있어요. 계산에서 실수를 줄이기 위하여 받아올림한 수는 십의 자리 위에 조그맣게 1을 써서 나타내요.

개념연결 | 받아올림한 수

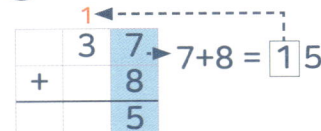

7+8 = 15

37+8을 계산할 때 7+8=15이므로 일의 자리에 5를 쓰고 10은 받아올림하여 십의 자리에 1을 써서 나타내요. 그런 다음 받아올림한 1과 십의 자리 수 3을 더해요.

한 줄 수학 받아올림: 10을 윗자리로 올려 계산하는 방법

5월 15일

스승의 날: 5월 □일

도형과 측정 ▶ 모양과 시각

□ 모양을 알아볼까?

← 뾰족한 부분 →

□ 모양은 뾰족한 부분이 4군데 있어요.

텔레비전, 상자, 지우개에서 □ 모양을 찾을 수 있어요.
□ 모양은 곧은 선으로 둘러싸여 있고, 뾰족한 부분이 있어요.
상자, 지우개에서 □ 모양인 부분을 찾고 테두리를 따라
선을 그으면 □ 모양을 그릴 수 있어요.

개념연결 모양 자

모양 자를 이용하면 □, △, ○ 등 여러 가지 모양을 쉽게 따라 그릴 수 있어요. 모양 자는 쓰임에 따라 여러 종류가 있어요. 모양 자를 이용하여 다양한 모양을 그려 보세요.

한 줄 수학 곧은 선: 선의 어디에도 굽은 부분 없이 곧게 뻗은 선

8월 15일

광복절: 8월 □일

수와 연산 ▶ 덧셈과 뺄셈

받아올림
10을 윗자리로 올려 더하는 방법

	2	8
+	1	7

① 일의 자리 계산

1 ←받아올림한 수

		2	8
+		1	7
			5

8 + 7 = 15

② 십의 자리 계산

1

	2	8
+	1	7
	4	5

10 + 20 + 10 = 40

덧셈에서 같은 자리끼리의 합이 10보다 크거나 같을 때 10을 바로 윗자리로 올려 더하는 방법을 **받아올림**이라고 해요. 덧셈에서 받아올림을 제대로 하지 않으면 계산 실수를 할 수 있어요. 받아올림한 수는 바로 윗자리에 작게 1을 써서 나타내요.

개념연결 받아올림이 있는 덧셈에서의 실수

	2	8
+	1	7
	3	5

받아올림을 하지 않은 실수

		2	8
	+	1	7
3	1	5	

받아올림한 수를 내려쓰는 실수

한 줄 수학 일의 자리에서 받아올림한 10은 십의 자리 위에 1로 표시해요.

5월 16일

10+6=□

도형과 측정 ▶ 모양과 시각

서로 같은 모양일까?

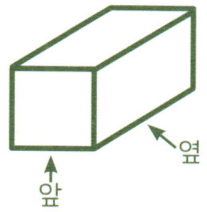
↑ 앞   ↘ 옆

앞에서 본 모양

옆에서 본 모양

길쭉한 상자를 앞에서 보면 □이고, 옆에서 보면 ▭이에요.
이처럼 상자는 보는 방향에 따라 다른 모양을 하고 있어요.
그런데 □와 ▭ 모두 곧은 선으로 둘러싸여 있고,
뾰족한 부분이 4군데이므로 두 모양 모두 □ 모양이라고 할 수 있어요.

개념연결 □, △, ○ 모양으로 분류하기

□ 모양

△ 모양

○ 모양

모양의 특징을 관찰하여 □, △, ○ 모양으로 분류할 수 있어요.

한 줄 수학 모양: 물건이나 사물의 생김새

8월 14일

21-7=□

수와 연산 ▶ 덧셈과 뺄셈

34+17

꼭 일의 자리부터 계산해야 할까?

	3	4
+	1	7
	4	0
	1	1
	5	1

30 + 10 = 40
4 + 7 = 11

34+17을 십의 자리부터 계산할 수도 있고, 일의 자리부터 계산할 수도 있어요. 하지만 받아올림이 있으면 십의 자리 수를 고쳐야 하기 때문에 일의 자리부터 계산하는 것이 더 편리해요.

개념연결 | 여러 가지 계산 방법

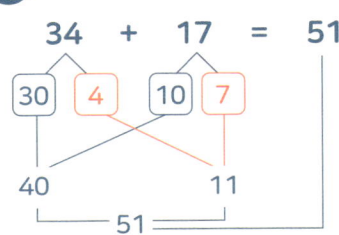

십의 자리끼리 더하고, 일의 자리끼리 더한 다음 두 결과를 합쳐요.

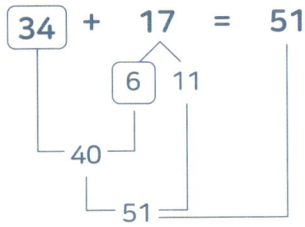

몇십을 만들기 위해 뒤의 수를 가르기 하여 (몇십)+(몇십몇)을 계산해요.

🐰 **한 줄 수학** 여러 가지 계산 방법을 탐구하면서 생각하는 힘을 기를 수 있어요.

5월 17일

11 - 13 - 15 - □ - 19

도형과 측정 ▶ 모양과 시각

△ 모양

△ 모양을 알아볼까?

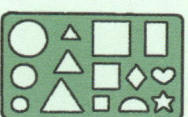

깃발, 샌드위치, 도로 표지판에서 △ 모양을 찾을 수 있어요.
△ 모양은 곧은 선으로 둘러싸여 있고
모양에서 뾰족한 부분이 3군데 있어요.
모양 자에서 △ 모양을 찾고 안쪽 테두리를 따라
선을 그으면 △ 모양을 그릴 수 있어요.

개념연결 △ 모양 그리기

종이 위에 세 점을 찍고, 점과 점을 선으로 이으면 △ 모양을 그릴 수 있어요. 이때 점이 있는 곳이 뾰족한 부분이 되고, 점과 점을 이은 선은 곧은 선이 돼요.

한 줄 수학 모양 자: □, △, ○ 등 여러 가지 모양을 따라 그릴 수 있게 만든 자

8월 13일

25-12=□

수와 연산 ▶ 덧셈과 뺄셈

23-7

왜 십 모형을 일 모형으로 바꿀까?

일의 자리끼리 뺄 수 없어요.

```
  2 3
-   7
─────
    ?
```

십 모형 1개를 일 모형 10개로 바꾸어요.

일 모형 13개에서 7개를 덜어 내요.

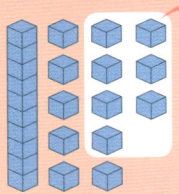

23-7처럼 뺄셈에서 일의 자리끼리 뺄 수 없을 때가 있어요. 이럴 때는 십의 자리에서 10을 받아내림하여 계산해요. 이것을 수 모형으로 나타내면 십 모형 1개를 일 모형 10개로 바꾸는 것과 같아요.

개념연결 받아내림이 있는 뺄셈

① 받아내림하여 일의 자리 계산하기   ② 남은 십의 자리 수 내려쓰기

```
  2 3            1 10              1 10
-   7          2̷ 3              2̷ 3
─────       -    7           -  ↓ 7
    ?          ─────             ─────
                   6              1 6
               13 - 7 = 6         10 - 0 = 10
```

한 줄 수학   받아내림: 바로 윗자리 수에서 10을 내려 계산하는 방법

5월 18일

15보다 3만큼 더 큰 수: □

수학 마술
답은 항상 5!

- 1과 10 사이의 수 중 하나를 골라 봐.
- 응. 골랐어.
- 그 수에 9를 곱해.
- 생각한 수에 9를 곱했어.
- 좋아! 각 자리의 숫자를 더해. 예를 들어 25가 나왔으면 2+5를 하는 거야.
- (몇)+(몇)을 했어.
- 이제, 그 수에서 4를 빼!
- 나온 수에서 4를 뺐어.
- 마지막 나온 답은 **5**야.

🐰 **한 줄 수학** 9단 곱셈구구에서 각 자리의 숫자를 더하면 항상 9가 돼요.

8월 12일

3+4+5=□

공간 감각
위에서 본 모양은?

쌓기나무 12개를 그림과 같이 쌓았어요. 위에서 본 모양을 찾아보세요.

①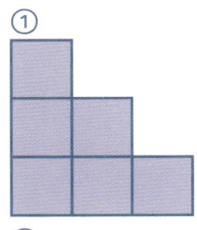

②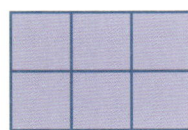

③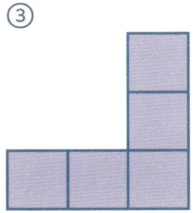

5월 19일

10 - 13 - 16 - □ - 22

미로 찾기
짝수를 찾아 미로를 탈출해 볼까?

미로에서 짝수를 찾아 미로를 탈출해 보세요.

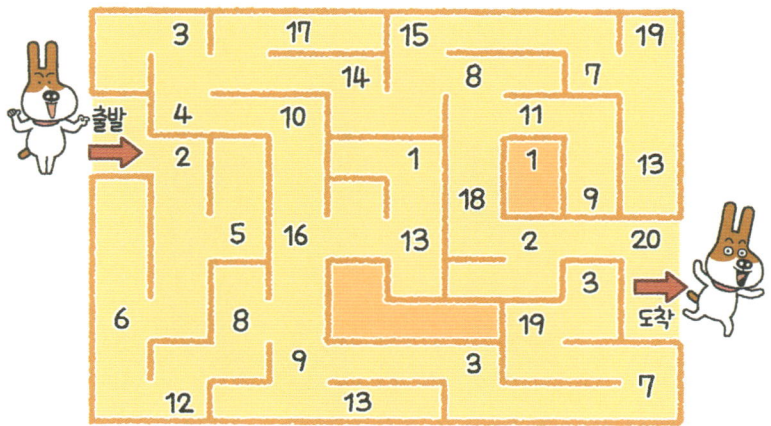

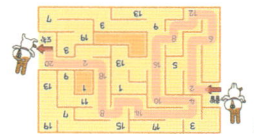

3시간+8시간=□시간

공간 감각
위에서 본 모양은?

쌓기나무 9개를 그림과 같이 쌓았어요. 위에서 본 모양을 찾아보세요.

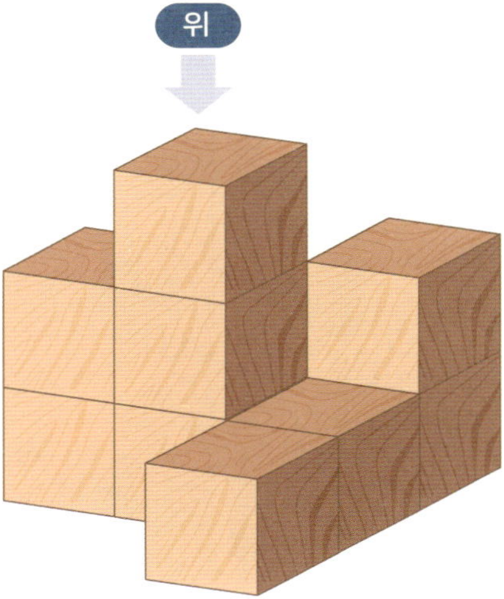

위

① 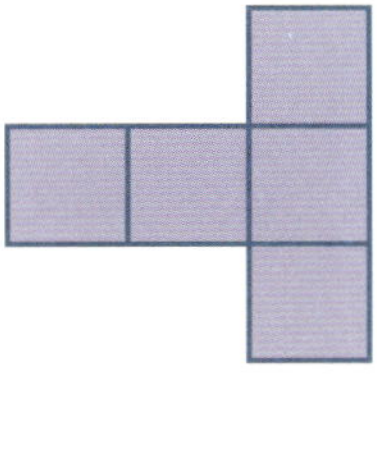 ② 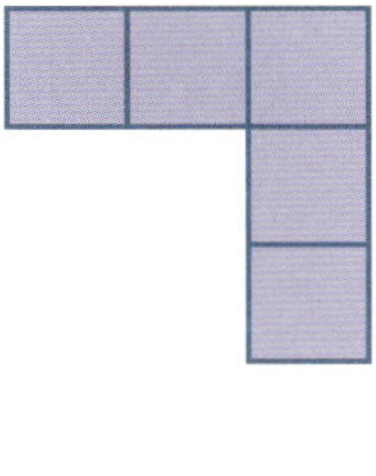 ③

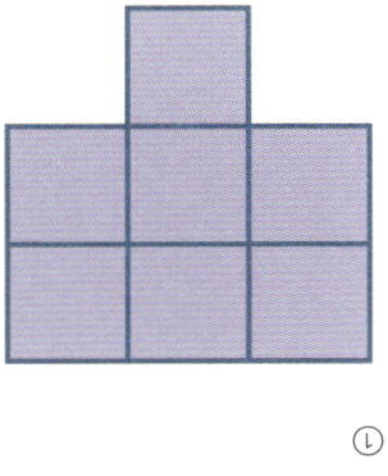

정답 ①

5월 20일

21보다 1만큼 더 작은 수: □

미로 찾기
홀수를 찾아 미로를 탈출해 볼까?

미로에서 홀수를 찾아 미로를 탈출해 보세요.

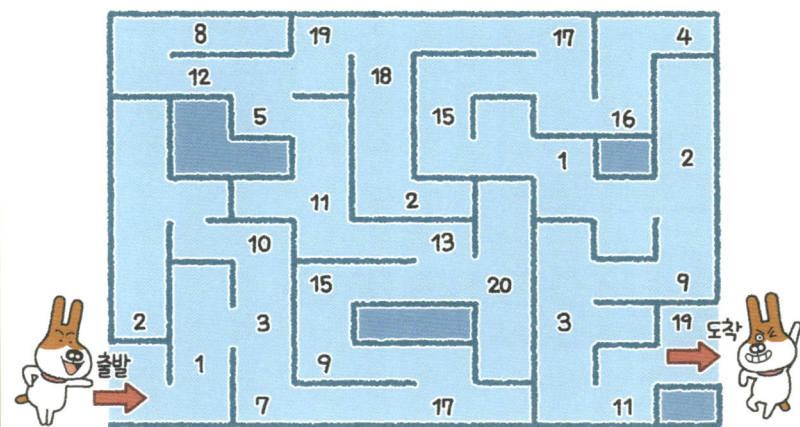

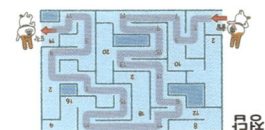

8월 10일

2개씩 5묶음 → □

0 만들기 게임

계산기로 0 만들기를 해 볼까?

준비물: 계산기
참가자: 2~3명

① 가위바위보로 순서를 정해요.
② 1등이 20~50의 수 중 하나를 골라 계산기에 입력해요.
③ 2등부터 1~9의 수 중 하나를 골라 빼기를 계속해요.

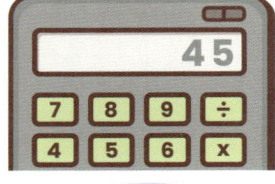

45를 골랐어.

7을 빼면 38이야.

④ 마지막으로 빼기를 하여 0을 만든 사람이 이겨요.

개념연결 덧셈으로 50 만들기

① 가위바위보로 순서를 정해요.
② 1등이 1~20의 수 중 하나를 골라 입력해요.
③ 2등부터 1~9의 수 중 하나를 더해요.
④ 마지막으로 더하기를 하여 50을 만든 사람이 이겨요.

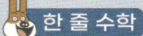 계산기에서 계산 결과를 확인하려면 = 단추를 꼭 눌러야 해요.

5월 21일   19 - □ - 23 - 25   도형과 측정 ▶ 모양과 시각

○ 모양

○ 모양을 알아볼까?

바퀴, 시계, 동전에서 ○ 모양을 찾을 수 있어요.
○ 모양은 뾰족한 부분이 없고 굽은 선으로 둘러싸여 있어요.
동전처럼 둥근 모양의 테두리를 따라 선을 그으면 ○ 모양을 그릴 수 있어요.
또 모양 자를 사용하면 ○ 모양을 쉽게 따라 그릴 수 있어요.

개념연결 | 보는 방향에 따라 달라지는 모양

생일날 머리에 쓰는 고깔은 위에서 보면 ○ 모양이지만,
앞에서 보면 △ 모양이에요. 이처럼 보는 방향에 따라
모양이 달라지는 물건이 있어요.
축구공은 어디에서 보아도 항상 ○ 모양이에요.

한 줄 수학   굽은 선: 꺾이거나 곧은 부분 없이 휘어진 선

14+7

일 모형 10개를 십 모형으로 바꾸는 이유는 뭘까?

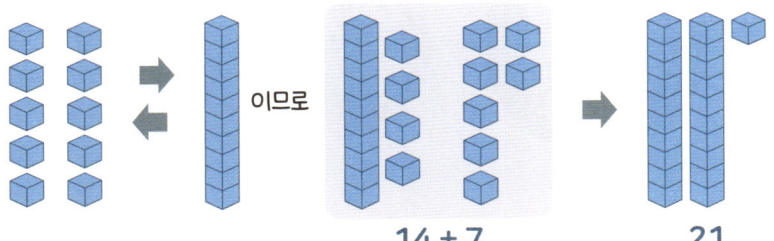

일 모형 10개는 십 모형 1개와 같아요. 이처럼 수의 크기를 나타내는 도구를 **수 모형**이라고 해요. 14+7과 같은 덧셈을 계산할 때 수 모형을 사용하면 수의 크기를 한눈에 볼 수 있어 편리해요.
이때 십 모형 1개는 십의 자리 수를 나타내요.

개념연결 수가 몇인지 한눈에 알아보기

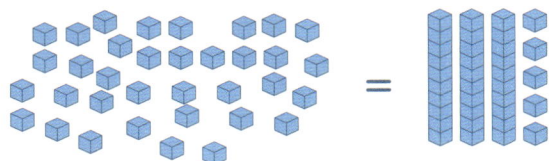

한 줄 수학 일 모형은 일의 자리 수를 나타내요. 일 모형 10개는 십 모형 1개와 같아요.

5월 22일

20 - 21 - □ - 23

도형과 측정 ▶ 모양과 시각

모두 ㅁ 모양일까?

모양

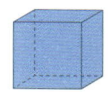    

특징
- 직접 만지고 굴려 볼 수 있다.
- 앞, 옆, 위에서 볼 수 있다.
- 종이 위에 나타낼 수 있다.
- 위에서만 볼 수 있다.

▣ 은 앞, 옆, 위에서 볼 수 있는 도형이고,

■ 은 위에서만 볼 수 있는 도형이에요.

▣ 에서 ㅁ 모양을 찾을 수 있지만, ■ 은 직접 굴리거나

만질 수 없으므로 ▣ 모양이라고 할 수 없어요.

개념연결 　모양(도형)의 옆모습

 　　 　　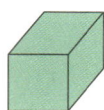

모양을 앞, 옆, 위에서 관찰할 때 보는 방향에 따라 다르게 보일 수 있어요.

한 줄 수학　입체도형: 공간에서 크기를 가지고 있는 도형

8월 8일

10-2=□

도형과 측정 ▶ 여러 가지 도형

쌓기나무 쌓기

왜 쌓기나무로 여러 가지 모양을 만들까?

> 쌓기 나무 5개로 여러 가지 모양을 만들어 보시오.

쌓기나무를 요리조리 쌓다 보면 여러 가지 모양을 만들 수 있고, 모양에서 규칙을 발견할 수도 있어요. 또 쌓은 모양을 말로 설명하다 보면 위치를 파악하는 감각도 생겨요. 우리가 쌓기나무로 여러 가지 모양을 쌓아 보는 이유는 바로 공간 감각을 기르기 위해서예요.

개념연결 공간 감각

공간 감각은 눈으로 보고 손으로 만지는 등 우리 몸의 감각을 이용하여 주변을 파악하는 능력을 말해요. 칠교와 같은 도형 퍼즐이나 쌓기나무로 여러 가지 모양을 만들어 보는 다양한 활동은 공간 감각을 기르는 데 도움이 돼요.

한 줄 수학 도형 퍼즐: 도형을 자르거나 붙여서 여러 가지 모양을 만드는 퍼즐

5월 23일

11+12=□

도형과 측정 ▸ 모양과 시각

모양 관찰
두루마리 화장지는 어떤 모양일까?

모양은 보는 위치나 방향에 따라 달라져요. 자주 사용하는 두루마리 화장지는 어떤 모양일까요? 위에서 보면 ○ 모양, 앞에서 보면 □ 모양이고, 또 손으로 만질 수 있는 🟦 모양이기도 해요. 이처럼 주변에서 볼 수 있는 도형 중에는 보는 위치와 방향에 따라 달라지는 모양이 있어요. 도형을 여러 가지 방법으로 관찰해 보아요.

개념연결 | 어디에서 보아도 같은 모양

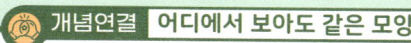

축구공은 🔵 모양으로 어디에서 보아도 항상 ○ 모양이에요.

한 줄 수학
○ 모양은 뾰족한 부분이 없고 굽은 선으로 둘러싸여 있어요.

8월 7일

1주일=□일

도형과 측정 ▶ 여러 가지 도형

쌓기나무 쌓기

쌓기나무 3개로 만들 수 있는 서로 다른 모양은 몇 개나 될까?

같은 모양

같은 모양

다른 모양처럼 보이지만 뒤집거나 돌렸을 때
똑같이 겹치면 같은 모양이에요.
따라서 쌓기나무 3개로 만들 수 있는 서로 다른 모양은 2가지뿐이에요.

개념연결 쌓기나무로 만든 퍼즐, 소마큐브

소마큐브는 쌓기나무 3개 또는 4개를 붙여서 만든 특별한 퍼즐이에요.
소마큐브 조각을 연결하여 정육면체 등 여러 가지 새로운 모양을 만들 수 있어요.

🐰 한 줄 수학   정육면체: 주사위, 쌓기나무처럼 생긴 입체도형

5월 24일

21+3=□

도형과 측정 ▶ 모양과 시각

긴바늘, 짧은바늘

긴바늘(분침)과 짧은바늘(시침)은 어떻게 다를까?

시계에는 긴바늘과 짧은바늘이 있어요. 긴바늘은 몇 분을 나타내므로 **분침**이라고 하고, 짧은바늘은 몇 시를 나타내므로 **시침**이라고 해요.
긴바늘이 5, 짧은바늘이 8과 9 사이를 가리키면 8시 25분이에요.

개념연결 | 시곗바늘의 움직임

긴바늘이 1바퀴를 돌면 60분(=1시간)이고,
짧은바늘이 1바퀴를 돌면 12시간이에요.
긴바늘이 1바퀴(60분=1시간) 도는 동안
짧은바늘은 1칸 움직여요.

 긴바늘과 짧은바늘은 하루에 22번 만나요.

8월 6일

365에서 십의 자리 숫자: □

도형과 측정 ▶ 여러 가지 도형

쌓기나무 쌓기
같은 모양인지, 어떻게 알 수 있을까?

같은 모양

쌓기나무를 이어 붙여 만든 모양은 보는 방향에 따라 다르게 보여요.
하지만 쌓기나무로 쌓은 모양을 돌리거나 뒤집었을 때 똑같이 겹쳐지면,
두 모양은 서로 같은 모양이라고 해요.

개념연결 같은 모양

왼쪽 두 모양은 같아 보이지만 사실은 다른 모양이에요. 같은 모양이 되려면 뒤집거나 돌렸을 때 모양이 똑같아야 해요.

한 줄 수학 연결 모형을 연결하여 여러 가지 모양을 만들 수 있어요.

5월 25일

1+3+5+7+9=□

마방진

가로줄과 세로줄, 대각선 어느 방향으로 더해도 항상 합이 같은 수 배열

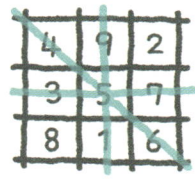

아주 오랜 옛날 강가에서 거북 한 마리를 발견하게 되었는데, 거북의 등에는 이상한 무늬가 있었어요. 사람들은 그 무늬를 연구하여 수로 나타냈는데 가로줄과 세로줄, 대각선 어느 방향으로 더해도 항상 15가 되었어요. 그 후 사람들은 이 신기한 사각형을 **마방진**이라고 부르게 되었어요.

2	16	13	3
11	5	8	10
7	9	12	6
14	4	1	15

가로 4칸, 세로 4칸인 마방진도 만들 수 있어요. 1부터 16까지의 수를 써서 왼쪽과 같이 채우면 가로줄과 세로줄, 대각선의 합이 항상 34가 돼요. 옛날 사람들은 마방진에 신비한 힘이 있다고 생각하여 마방진을 몸에 지니고 다니기도 했답니다.

한 줄 수학 마방진은 가로줄과 세로줄, 대각선의 합이 모두 같아요.

5+□=10

공간 감각
위에서 본 모양은?

쌓기나무 6개를 그림과 같이 쌓았어요. 위에서 본 모양을 찾아보세요.

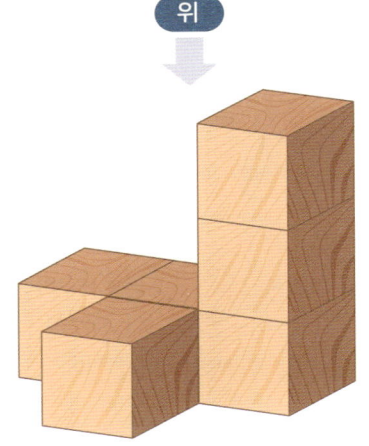

① 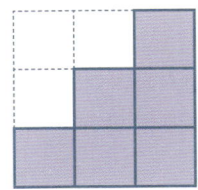 ② 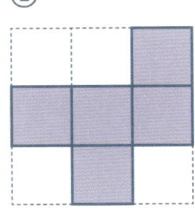 ③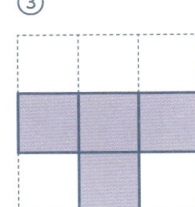

5월 26일

12+14=□

3차 마방진

어느 방향으로 더해도 항상 합이 같은 수 배열

3차 마방진은 1부터 9까지의 수를 한 번씩 사용하고,
가로줄과 세로줄, 대각선의 합이 모두 15로 같아요.
다음 3차 마방진을 완성해 보세요.

	1	6
3	5	
		2

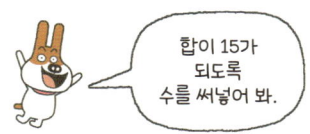

합이 15가 되도록 수를 써넣어 봐.

정답:

8	1	6
3	5	7
4	9	2

400 cm = □ m

피자 자르기
7조각으로 잘라 볼까?

원을 자를 때 같은 횟수만큼 잘라도 자른 방법에 따라 조각 수가 달라져요.
원을 세 번 잘라 7조각으로 만들어 보세요.
(단, 자른 모양의 크기와 모양은 같지 않아도 돼요.)

5월 27일

29-2=□

4차 마방진
어느 방향으로 더해도 항상 합이 같은 수 배열

4차 마방진은 1부터 16까지의 수를 한 번씩 사용하고,
가로줄과 세로줄, 대각선의 합이 모두 34로 같아요.
다음 4차 마방진을 완성해 보세요.

1		14	
12		7	
8			5
	3		16

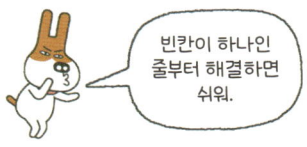

빈칸이 하나인 줄부터 해결하면 쉬워.

정답:

1	15	14	4
12	6	7	9
8	10	11	5
13	3	2	16

8월 3일

10-7=□

계산기

계산기는 어떻게 사용할까?

계산할 수를 입력하는 단추

덧셈(+), 뺄셈(-), 곱셈(×), 나눗셈(÷)을 하는 데 사용하는 단추

계산 결과를 나타낼 때 사용하는 단추

계산기는 덧셈, 뺄셈, 곱셈 등 여러 가지 계산을 하는 데 사용하는 기기예요. 컴퓨터, 스마트폰에서도 계산기 기능을 사용할 수 있어요. 계산기에 있는 숫자, 기호 단추를 누르는 것만으로 계산을 쉽게 할 수 있어 편리해요.

개념연결 | 계산기 사용 방법

25+37을 계산하려면 계산기의 단추를 다음과 같이 눌러요. 그러면 계산 결과가 화면에 나타나요.

[2] [5] [+] [3] [7] [=]

한 줄 수학 계산기에는 여러 가지 단추가 있어요. 단추의 사용법을 알고 있으면 복잡한 계산을 빠르고 편리하게 할 수 있어요.

5월 28일

28과 47 중에서 더 작은 수: □

도형과 측정 ▶ 모양과 시각

시계 보기
시각은 어떻게 읽을까?

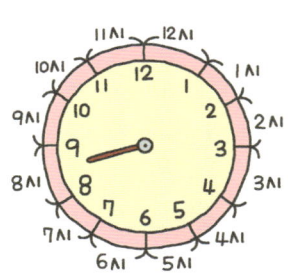
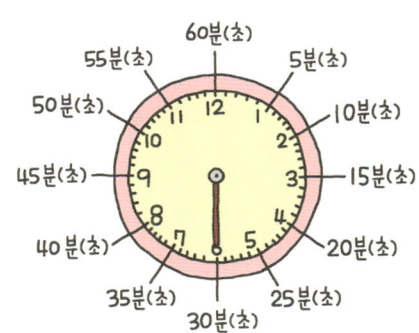

시계의 긴바늘과 짧은바늘이 가리키는 눈금을 보고 시각을 읽어야 해요.
짧은바늘이 8과 9 사이를 가리키면 8시, 긴바늘이 6을 가리키면 30분이에요.
따라서 지금 시각은 8시 30분이에요.

개념연결 — 시각

9시 20분부터 10시까지 책을 읽었다면 책을 읽은 시간은 40분이에요. 또 책을 읽기 시작한 9시 20분과 책 읽기를 마친 10시는 하루 중 한때로 시각이라고 해요.

한 줄 수학 시간: 한 시각에서 다른 시각까지의 간격

8월 2일

16-14=□

도형과 측정 ▶ 여러 가지 도형

쌓기나무 쌓기
같은 설명을 듣고 쌓았는데 왜 모양이 다를까?

쌓기나무를 1층에 3개, 2층에 1개 놓는 방법은 여러 가지예요.
설명을 듣고 누구나 똑같은 모양으로 쌓기나무를 쌓으려면 설명이 충분해야 해요.
이때 방향을 나타내는 말을 쓰면 설명하는 데 도움이 돼요.

개념연결 | 쌓은 모양 설명하기

"빨간색 쌓기나무 오른쪽에 쌓기나무 1개가 있고, 빨간색 쌓기나무 위에 쌓기나무 1개가 있어요." 이처럼 왼쪽, 오른쪽, 위, 앞과 같이 방향을 넣어 설명하면 누구나 같은 모양으로 쌓기나무를 바르게 쌓을 수 있어요.

한 줄 수학 방향: 오른쪽, 왼쪽처럼 사람이나 사물이 향하는 어느 쪽을 가리키는 말

5월 29일

25 - 27 - □ - 31

도형과 측정 ▸ 모양과 시각

몇 시, 몇 시 30분
시각은 어떻게 나타낼까?

짧은바늘이 3, 긴바늘이 12를 가리킬 때 시계는 3시를 나타내고, 세 시라고 읽어요. 또 짧은바늘이 10과 11의 가운데, 긴바늘이 6을 가리킬 때 시계는 10시 30분을 나타내고, 열 시 삼십 분이라고 읽어요. 시각을 나타내려면 시곗바늘의 종류와 시곗바늘이 가리키는 위치를 잘 살펴보아야 해요.

개념연결 | 지금 몇 시인가요?

시각을 물을 때 "몇 시야?" 또는 "몇 시 몇 분이야?"라고 말해요.

한 줄 수학 디지털시계: 눈금이나 바늘 없이 숫자로 보는 시계

8월 1일

99보다 □만큼 더 큰 수: 100

도형과 측정 ▶ 여러 가지 도형

오른쪽, 왼쪽
위치나 방향을 나타내는 말

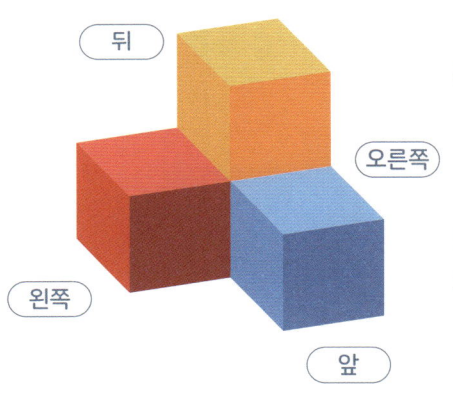

물건의 위치나 방향을 나타낼 때 왼쪽, 오른쪽, 앞, 뒤와 같은 말을 사용해요.
수학에서 내가 보고 있는 쪽이 앞쪽이고, 왼손이 있는 쪽은 왼쪽, 오른손이 있는 쪽은 오른쪽이에요.

개념연결 위, 앞, 옆에서 본 모양으로 쌓은 모양

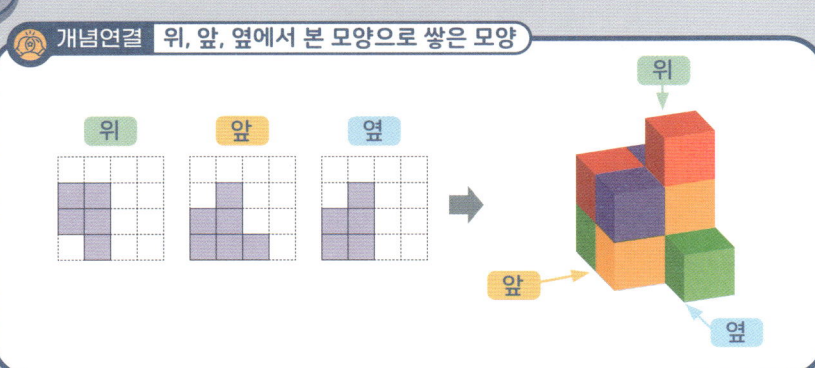

한 줄 수학 오른쪽과 왼쪽을 다른 말로 옆이라고 해요.

5월 30일

⑩⑩⑩ → □

도형과 측정 ▶ 모양과 시각

디지털시계
숫자로 시각을 나타낸 시계

디지털시계는 1, 2, 3, …… 숫자로 시각을 알려 주는 시계예요.
숫자만 읽으면 되기 때문에 지금 시각을 한눈에 알 수 있어요.
디지털시계는 텔레비전, 컴퓨터 등에서 시각을 나타낼 때 많이 활용돼요.

개념연결 17:00

하루는 24시간인데 바늘이 있는 시계는 12시까지만 나타낼 수 있어 오전 5시와 오후 5시를 따로 구분하지 못해요. 그런데 디지털시계는 시각을 숫자로 표시하므로 오전 5시는 5:00로, 오후 5시는 17:00로 구분하여 나타낼 수 있어요.

오전 5시=5:00   오후 5시=17:00

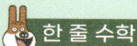 **한 줄 수학** 바늘이 있는 시계는 시간의 흐름을 알기 편리해요.

8월

5월 31일

□ 32 33 34

도형과 측정 ▶ 모양과 시각

모래시계
지금 시각을 알 수 없어도 시계일까?

모래시계는 모래가 떨어지는 속도를 이용하여 1분, 3분, 10분 등 비교적 짧은 시간을 잴 수 있는 도구예요. 현재의 시각을 알 수는 없지만, 보드게임이나 요리를 할 때 필요한 시간을 잴 수 있어서 쓸모가 많아요.

개념연결 해를 이용한 해시계

해시계는 막대에 생긴 그림자가 시계의 바늘 역할을 하여 시각을 알 수 있게 하는 시계 장치예요. 오늘날의 시계가 발명되기 전까지 오랫동안 널리 사용되었어요.

🐰 한 줄 수학 해시계에서 그림자가 움직이는 방향과 시계에서 바늘이 움직이는 방향이 같아요.

15+16=□

도형과 측정 ▶ 여러 가지 도형

쌓기나무
정육면체 모양의 나무토막

쌓기나무는 위로 쌓을 수 있도록
만들어진 상자 모양의 나무 조각이에요.
옆으로 이어 붙이거나 위로 쌓아서
여러 가지 모양을 만들 수 있어요.

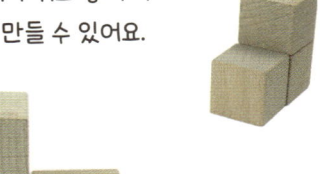

개념연결 정육면체

정사각형 6개로 이루어진 입체도형을 정육면체라고 해요. 쌓기나무나 주사위는 면이 6개이고, 면의 모양은 모두 정사각형인 정육면체예요.

🐰 **한 줄 수학** 쌓기나무처럼 손으로 만지고 쌓을 수 있는 도형을 입체도형이라고 해요.

6월

7월 30일

538에서 3이 나타내는 값: □

도형과 측정 ▸ 여러 가지 도형

칠교
7조각으로 이루어진 도형 퍼즐

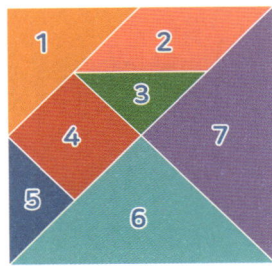

칠교는 큰 사각형을 7조각으로 잘라 만든 퍼즐이에요.
칠교 조각을 이용하여 동물, 물건 등 여러 가지 모양을 만들 수 있어요.

개념연결 | 칠교 조각으로 사각형 만들기

칠교 조각 2개 또는 3개로 여러 가지 사각형을 만들 수 있어요.

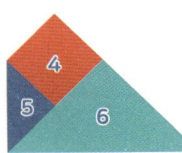

2조각으로 사각형 만들기   3조각으로 사각형 만들기

🐰 **한 줄 수학**   칠교 조각 여러 개로 삼각형, 사각형 등 여러 가지 모양을 만들 수 있어요.

6월 1일

2+□=3

손가락 곱셈구구
손가락으로 곱셈구구를 외워 볼까?

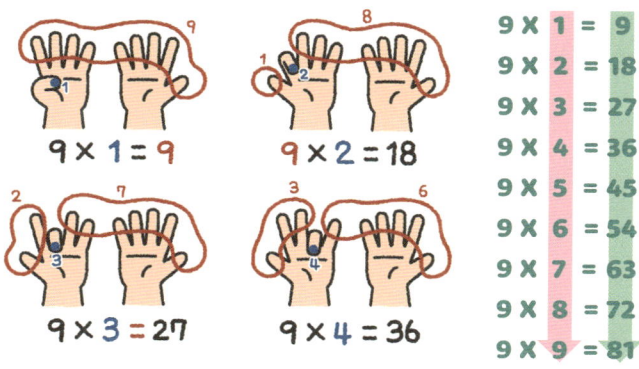

$9 \times 1 = 9$
$9 \times 2 = 18$
$9 \times 3 = 27$
$9 \times 4 = 36$
$9 \times 5 = 45$
$9 \times 6 = 54$
$9 \times 7 = 63$
$9 \times 8 = 72$
$9 \times 9 = 81$

손가락을 그림과 같이 펼치고 하나씩 차례로 접어 가며 9단 곱셈구구를 익힐 수 있어요. 9단에서 두 수의 곱의 십의 자리 수는 10씩 커지고, 일의 자리 수는 1씩 작아져요.
이 원리를 이용하여 손가락으로 9단을 나타낼 수 있어요.

① 양손을 손바닥이 얼굴을 향하도록 펼쳐요.
② 왼손 엄지손가락부터 차례로 접어요.
③ 접은 손가락의 왼쪽은 '몇십', 오른쪽은 '몇'이 돼요.

한 줄 수학 양손을 이용하여 간단한 방법으로 9단 곱셈구구를 익힐 수 있어요.

7월 29일

12+17=□

똑같이 나누기
조건에 맞추어 공평하게 나눌 수 있을까?

그림과 같이 똑같은 크기의 사각형 12개로 나누어진 모양의 땅이 있어요.
땅을 모양과 크기가 같도록 똑같이 나누어 네 사람이 하나씩 가지려고 한다면 어떻게 나누어야 할까요?

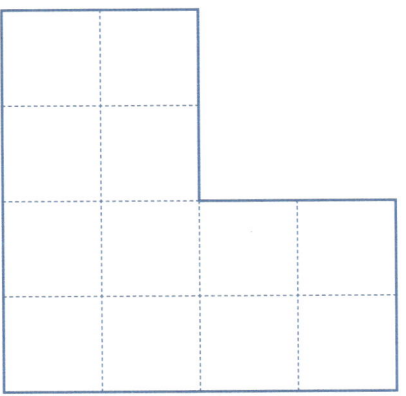

돌려서 같아지면 같은 모양이야.

6월 2일

□+8=10

4차 마방진
어느 방향으로 더해도 항상 합이 같은 수 배열

4차 마방진은 1부터 16까지의 수를 한 번씩 사용하고,
가로줄과 세로줄, 대각선의 합이 모두 34로 같아요.
다음 4차 마방진을 완성해 보세요.

	15	14	
12		7	9
8	10		5
	3	2	

빈칸이 하나인 줄부터 해결하면 쉬워.

정답:
1	15	14	4
12	6	7	9
8	10	11	5
13	3	2	16

7월 28일

21+7=□

곱셈표에서 규칙 찾기

곱셈구구표를 완성해 볼까?

곱셈구구표의 일부를 잘라 조각으로 만들었어요.
빈칸에 알맞은 수를 써넣으세요.

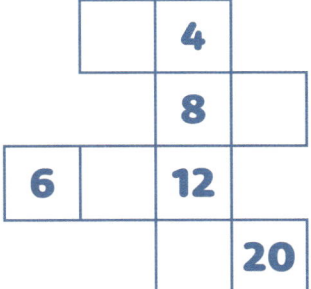

곱셈구구표의 규칙을 떠올려 봐.

6월 3일

1000이 □개인 수: 300

4줄 고누
상대방 말을 잡아 볼까?

4줄 고누는 상대방 말을 양쪽에서 포위하여 잡는 놀이예요.
한 칸씩 말을 움직여 상대방 말을 잡아 보세요.
이때 자신의 말이 잡히지 않도록 조심해야 해요.

규칙

놀이판

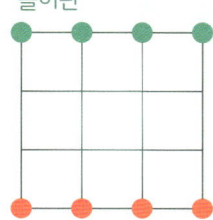

놀이 방법

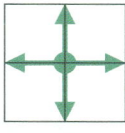

말을 한 칸씩 움직여요.

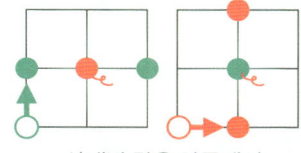

상대방 말을 양쪽에서 포위하여 잡아요.

4줄 고누 놀이판

바둑돌로 직접 놀이를 해 보자.

7월 27일

29-2=□

튼튼한 삼각형
삼각형 다리 만들기

쉽게 접을 수 있는 얇은 종이가 삼각형을 이용하면
무거운 무게도 버틸 수 있는 튼튼한 종이로 바뀌어요.

준비물: A4 종이, 종이 벽돌(상자) 2개

① 부채 모양으로 종이를 접어요.

② 종이 벽돌 위에 부채 모양으로 접은 다리를 올려요.

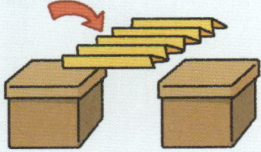

③ 다리 중간에 책을 한 권씩 천천히 올려 보아요.

④ 다리가 무너질 때까지 올리면서 관찰해요.

한 줄 수학 종이를 삼각형 모양으로 접으면 펼쳐진 종이보다 더 큰 무게를 버틸 수 있어요.

6월 4일

→ □시 30분

수와 연산 ▶ 덧셈과 뺄셈(2)

7+9=?

가르기와 10 만들기로 덧셈을 해 볼까?

$$7 + 9 = 16$$
$$3\ \ 6$$

7+9의 계산에서 7과 몇을 더해 10을 만들어 계산해요.
7+(몇)=10에서 몇은 3이므로 9를 3과 6으로 가르기 하면
7+3=10이고 10+6은 16이에요. 이처럼 가르기를 이용하면
(몇)+(몇)=(십몇)이 되는 덧셈을 쉽게 할 수 있어요.

$$7 + 9 = 16$$
$$6\ \ 1$$

7+9의 계산에서 7을 6과 1로 가르기 하면,
9와 1을 더해 10을 만들어 계산할 수 있어요.

개념연결 가르기와 모으기

덧셈에서 두 수를 가르기와 모으기를 이용해 10을 만들어 계산하면 편리해요. 덧셈이나 뺄셈에서 가르기와 모으기가 어떻게 활용되는지 살펴보세요.

한 줄 수학 가르기: 어떤 수를 둘로 나누는 것

7월 26일

29-3=□

도형과 측정 ▶ 여러 가지 도형

○도 원인가요?

둥글게 생긴 것은 모두 원일까?

원

원이 아닌 것

원은 둥근 모양을 본뜬 도형이에요.
찌그러지거나 길쭉한 모양은 원이 아니에요.
원은 동그랗게 생겼기 때문에 어디에서 보아도 같은 모양이에요.

개념연결 원을 그리는 방법

종이를 길게 자른 종이띠의 한쪽을 압정으로 고정하고, 다른 쪽에 구멍을 뚫어 연필을 넣어요. 종이띠를 팽팽하게 당겨 가며 선을 그으면 원이 그려져요. 종이띠 대신 끈을 이용하여 원을 그릴 수도 있어요.

한 줄 수학 원은 둥근 모양이에요. 원을 찌그러뜨린 모양은 원이 아니에요.

(몇)+(몇)의 계산

이어 세기로 (몇)+(몇)을 계산해 볼까?

두 수를 더할 때 1씩 이어 세는 방법으로 덧셈을 할 수 있어요.
7+5를 계산할 때, 처음 7에 1씩 더하여 8, 9, 10, 11, 12 이렇게 이어 세기를
할 수 있어요. 이어 세기를 할 때는 하나씩 수를 세어
더하는 수를 빠뜨리지 않도록 주의해야 해요.

개념연결 7+5=12, 5+7=12

덧셈에서 두 수를 바꾸어 더해도 계산 결과는 같아요.

7 + 5 = 12   5 + 7 = 12

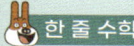 한 줄 수학   덧셈: 두 수의 합을 구하는 셈

7월 25일

12+13=□

도형과 측정 ▸ 여러 가지 도형

둥근 모양, 원

시계, 단추, 자동차 바퀴에서 원을 찾을 수 있어요.
원은 둥근 모양으로 원에는 뾰족하거나 곧은 부분이 없어요.
원은 둥근 모양을 본뜨거나 모양 자를 이용하여 그릴 수 있어요.

개념연결 컴퍼스

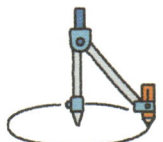

원을 그릴 때 컴퍼스를 이용해요. 컴퍼스를 원하는 만큼 벌리고 컴퍼스의 침을 종이에 꽂고 돌리는 방법으로 원을 그릴 수 있어요.

한 줄 수학 원은 어느 쪽에서 보아도 찌그러지거나 달라지지 않고 항상 동그란 모양이에요.

6월 6일

1+2+3=□

수와 연산 ▸ 덧셈과 뺄셈(2)

14-9=?

앞의 수를 가르기 하여 뺄셈을 해 볼까?

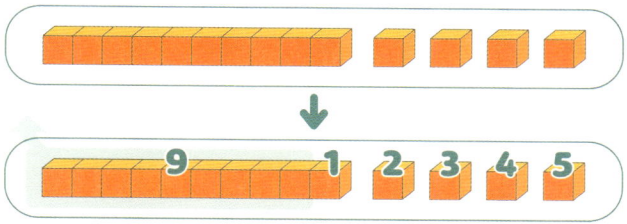

```
14 - 9
 /\
10  4
```

일의 자리 수끼리 비교하여 뒤에 오는 수가 더 크면 빼기가 어려워요.
이때 앞의 수를 10과 몇으로 가르기 하여 계산할 수 있어요.
14를 10과 4로 가르기를 하여 10에서 9를 빼고, 남은 수에 4를 더해요.

개념연결 | 십 배열판으로 계산하기

14 - 9 = 5

십 배열판은 10씩 수를 나타내므로 덧셈이나 뺄셈을 할 때 편리해요.
14-9는 십 배열판에 14를 나타내고 9만큼 덜어 내어 계산해요.

🐰 한 줄 수학 십 배열판 대신 달걀판으로 덧셈이나 뺄셈을 할 수 있어요.

7월 24일

하루=□시간

도형과 측정 ▶ 여러 가지 도형

네모 모양, 사각형

곧은 선 4개로 둘러싸인 도형을
사각형이라고 해요.
사각형에서 곧은 선을 **변**이라 하고,
곧은 선 2개가 만나서 생기는 점을
꼭짓점이라고 해요.

개념연결 도형판에서 사각형 만들기

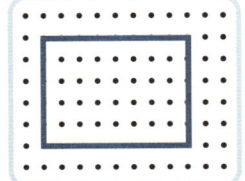

도형판에서 점 4개를 연결하여 사각형을 만들 수 있어요.

위와 같은 도형을 사각형이라고 해요.

한 줄 수학 도형은 색이나 무늬에 상관없이 점, 선, 면으로 이루어진 모양을 말해요.

6월 7일

15-8=□

수와 연산 ▸ 덧셈과 뺄셈(2)

16-8=?
뒤의 수를 가르기 하여 뺄셈을 해 볼까?

$$16 - 8 = 8$$

```
      6   2
    10
         8
```

일의 자리 수끼리 비교하여 뒤에 오는 수가 더 크면 빼기가 어려워요.
이때 뒤의 수를 10-(몇)으로 가르기 하여 계산할 수 있어요.
빼는 수 8을 6과 2로 가르기 하여 먼저 16-6=10을 계산하고,
10에서 남은 수 2를 빼어 10-2=8과 같이 계산해요.

개념연결 (십몇)-(몇)=(몇)의 계산

$$13 - 5 = 8$$

      3   2

(십몇)-(몇)=10이 되도록 빼는 수를 가르기 하여 계산해요.
13-5의 계산에서 13-(몇)=10인 몇을 찾아 5를 3과 2로 가르기 하고, 10에서 남은 수 2를 빼어 계산해요.

한 줄 수학 뺄셈: 앞의 수에서 뒤의 수를 빼어 값을 구하는 셈

7월 23일 17+6=□ 도형과 측정 ▸ 여러 가지 도형

세모 모양, 삼각형

곧은 선 3개로 둘러싸인 도형을 **삼각형**이라고 해요.
삼각형에서 곧은 선을 **변**이라 하고, 곧은 선 2개가 만나서 생기는 점을 **꼭짓점**이라고 해요.

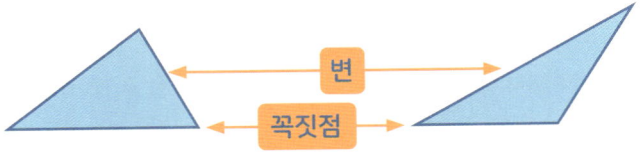

개념연결 | 도형판에서 삼각형 만들기

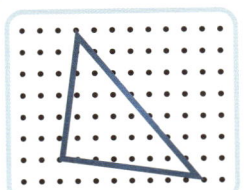

도형판에서 점 3개를 연결하여 삼각형을 만들 수 있어요.

위와 같은 모양을 삼각형이라고 해요.

🐰 **한 줄 수학**   도형판: 고무줄을 연결하여 삼각형, 사각형 등 여러 가지 모양을 만들 수 있는 교구

6월 8일

10-2=□

호박 고누

말을 움직여 상대의 길을 막아 볼까?

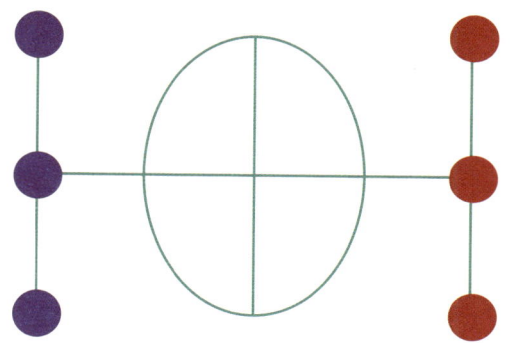

① 도화지에 선을 긋고 바둑돌(또는 공깃돌) 말을 3개씩 놓아요.
② 가위바위보로 순서를 정하고 서로 번갈아 가며 자신의 말을 한 칸씩 움직여요.
③ 자신의 차례에 길이 막혀 말을 더 이상 움직일 수 없으면 지는 거예요.
④ 말은 원 안에서 선을 따라 움직일 수 있는데, 상대의 집이나 처음 말을 놓았던 곳으로는 갈 수 없어요.

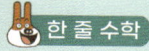 고누 놀이는 바닥이나 판 위에 놀이판을 그려 놓고 체스나 장기처럼 말을 움직이며 승부를 겨루는 우리나라 전통놀이예요.

7월 22일

30-8=□

곱셈표에서 규칙 찾기

곱셈구구표를 완성해 볼까?

곱셈구구표의 일부를 잘라 조각으로 만들었어요.
빈칸에 알맞은 수를 써넣으세요.

	12	15	18
12		20	24
15	20		

	16	18
21	24	
28		36
		45

곱셈구구표의 규칙을 떠올려 봐.

6월 9일 → □시

수 게임
마지막 바둑돌 가져가기

한 사람은 한 번에 바둑돌을 1~3개 가져갈 수 있어.

마지막 남은 바둑돌을 가져가면 이길 수 있어.

준비물 바둑돌 20개

사람 수 2명 또는 3명

규칙
- 가위바위보를 해서 순서를 정해요.
- 첫째 사람이 바둑돌을 1개나 2개 또는 3개 가져가요.
- 다른 사람들도 같은 방법으로 바둑돌을 가져가요.
- 놀이를 진행하다가 마지막 남은 바둑돌을 가져가는 사람이 이겨요.

7월 21일

58-37=□

덧셈표에서 규칙 찾기

덧셈구구표를 완성해 볼까?

덧셈구구표의 일부를 잘라 조각으로 만들었어요.
빈칸에 알맞은 수를 써넣으세요.

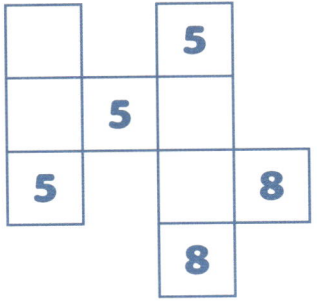

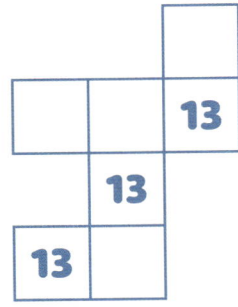

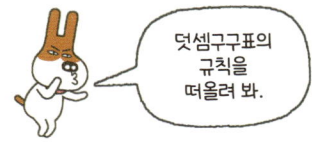

덧셈구구표의 규칙을 떠올려 봐.

6월 10일

1+2+3+4=□

수 게임
마지막 바둑돌 가져가기

준비물 바둑돌 15개, 접시 3개

사람 수 2명 또는 3명

규칙
- 가위바위보를 해서 순서를 정해요.
- 첫째 사람이 바둑돌을 1개나 2개 또는 3개 가져가요. 이때, 한 접시에서만 바둑돌을 가져갈 수 있어요.
- 다른 사람들도 같은 방법으로 바둑돌을 가져가요.
- 놀이를 진행하다가 마지막 남은 바둑돌을 가져가는 사람이 이겨요.

7월 20일

2+4+6+8=□

착시 도형
숨어 있는 삼각형을 찾아볼까?

위 두 그림에서 무엇이 보이나요? 실제로는 없는 모양이지만
삼각형 위에 또 다른 하얀 삼각형이 거꾸로 떠 있는 것처럼 보여요.
이렇게 실제와 다르게 보이는 현상을 <u>착시</u>라고 해요.
첫째 그림에서는 점 3개로 삼각형이 있는 것처럼 보이게 했고,
둘째 그림에서는 피자 조각처럼 생긴 모양을 이용하여
하얀 삼각형이 더 잘 보이도록 만들었어요.

개념연결 | 다르게 보이는 착시

안쪽에 있는 빨간색 원은 크기가 같은 원이에요. 하지만
바깥쪽에 있는 크고 작은 원 때문에 오른쪽 빨간색 원이
왼쪽에 있는 빨간색 원보다 더 크게 보여요.

한 줄 수학 착시: 사물이 실제와 다르게 보이는 현상

6월 11일

8+3=□

수와 연산 ▶ 덧셈과 뺄셈(2)

1씩 커지는 덧셈

1씩 커지는 덧셈식에서 규칙을 알아볼까?

6 + 5 = 11
6 + 6 = 12
6 + 7 = 13
6 + 8 = 14

덧셈식에서 더하는 수가 1씩 커지면 계산 결과도 1씩 커져요.

개념연결 | 1씩 커지는 뺄셈

12 - 6 = 6　　12 - 6 = 6
13 - 6 = 7　　12 - 5 = 7
14 - 6 = 8　　12 - 4 = 8

뺄셈식에서 빼어지는 수가 1씩 커지거나, 빼는 수가 1씩 작아지면 계산 결과가 1씩 커져요.

한 줄 수학 덧셈식과 뺄셈식에서 규칙을 발견할 수 있어요.

7월 19일

12+7=□

수와 연산 ▸ 세 자리 수

99 다음 수는?

99보다 1만큼 더 큰 수는 얼마일까?

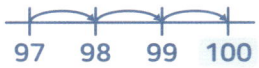

99보다 1만큼 더 큰 수는 100이에요.
99는 두 자리 수이고, 100은 세 자리 수이므로
100을 나타내려면 백의 자리가 필요해요.
따라서 99 다음에 오는 수 100은 백의 자리에 1,
십의 자리에 0, 일의 자리에 0을 써서 나타내요.

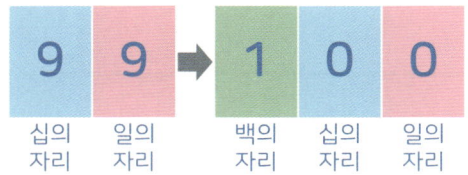

개념연결 | 99와 100

| 1 | … | 99 | 100 |

99는 두 자리 수 중에서 가장 큰 수이고,
100은 세 자리 수 중에서 가장 작은 수예요.

한 줄 수학 같은 자리의 숫자끼리 더해 10이 되면 10을 바로 윗자리로 받아올림하여 계산해요.

6월 12일

1년=□달

수와 연산 ▶ 덧셈과 뺄셈(2)

(몇)+(몇)= (십몇)

더해서 십몇이 되는 덧셈표에서 규칙을 찾아볼까?

9+2								
9+3	8+3							
9+4	8+4	7+4						
9+5	8+5	7+5	6+5					
9+6	8+6	7+6	6+6	5+6				
9+7	8+7	7+7	6+7	5+7	4+7			
9+8	8+8	7+8	6+8	5+8	4+8	3+8		
9+9	8+9	7+9	6+9	5+9	4+9	3+9	2+9	

> 덧셈표에서 합이 같은 덧셈을 찾아보세요.

개념연결 | 합이 같은 덧셈

9+7		
	8+8	
		7+9

합이 같은 덧셈에서 앞의 수가 1씩 커지면 뒤의 수는 1씩 작아져요. 9+7, 7+9와 같이 더하는 수가 같으면 합이 같아요.

한 줄 수학 더하는 수와 더해지는 수의 위치가 바뀌어도 합은 같아요.

7월 18일

20-2=□

수와 연산 ▸ 세 자리 수

세 자리 수 만들기

수 카드로 가장 큰 세 자리 수는 어떻게 만들까?

백의 자리에 0은 올 수 없어요.

4 2 7   세 자리 수

백의 자리 / 십의 자리 / 일의 자리

수 카드를 나란히 놓아 여러 가지 수를 만들 수 있어요.
이때 사용하는 수 카드의 개수에 따라 두 자리 수, 세 자리 수, …… 가 돼요.
수 카드로 수를 만들 때 맨 앞자리에는 0이 올 수 없어요.
수 카드 6, 4, 0으로 만들 수 있는 세 자리 수는
640, 604, 460, 406 이렇게 4가지예요.

개념연결 | 0이 있는 수 카드

2 0 5 8

세 자리 수를 만들 때 백의 자리에는 수 카드 0을 놓을 수 없어요. 수 카드 2, 0, 5, 8로 만들 수 있는 세 자리 수 중 가장 큰 수는 852이고, 가장 작은 수는 205예요.

한 줄 수학 수 카드로 세 자리 수를 만들 때 백의 자리에는 0이 올 수 없어요.

6월 13일

7+6=□

수와 연산 ▶ 덧셈과 뺄셈(2)

(십몇)−(몇) =(몇)

차가 같은 식을 뺄셈표에서 찾아볼까?

11-2	11-3	11-4	11-5	11-6	11-7	11-8	11-9
	12-3	12-4	12-5	12-6	12-7	12-8	12-9
		13-4	13-5	13-6	13-7	13-8	13-9
			14-5	14-6	14-7	14-8	14-9
				15-6	15-7	15-8	15-9
					16-7	16-8	16-9
						17-8	17-9
							18-9

뺄셈표에서 차가 같은 뺄셈을 찾아보세요.

개념연결 차가 같은 뺄셈

11-6			
	12-7		
		13-8	
			14-9

차가 같은 뺄셈에서 앞의 수가 1씩 커지면 뒤의 수도 1씩 커지고, 앞의 수가 1씩 작아지면 뒤의 수도 1씩 작아져요.

한 줄 수학 뺄셈식: 5−2=3과 같이 뺄셈으로 나타낸 식

제헌절: 7월 □일

수와 연산 ▸ 세 자리 수

어떤 수가 더 클까?

세 자리 수의 크기는 어떻게 비교할까?

3 2 4 ◯ **3 1 7**

두 수의 크기를 비교할 때는 먼저 백의 자리 수부터 비교해요.
백의 자리 수가 같으면 십의 자리 수를 비교하고,
십의 자리 수가 같으면 일의 자리 수를 비교해요.
324와 317에서 백의 자리 수는 3으로 서로 같고,
십의 자리 수는 2>1이므로 324가 317보다 더 큰 수예요.

개념연결 세 수의 크기 비교

7 4 6 5 2 9 7 4 3

· 가장 큰 수는 746이에요.   · 가장 작은 수는 529예요.
· 크기가 큰 순서대로 놓으면 746-743-529예요.

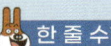 **한 줄 수학** 수의 크기: 둘 이상의 수를 비교할 때, 어떤 수가 다른 수보다 크거나 작은 정도

6월 14일

10 - 12 - □ - 16

수와 연산 ▶ 덧셈과 뺄셈(2)

수 모형으로 덧셈하기

덧셈할 때 수 모형을 사용해도 될까?

랄라라~ 수 모형만 있으면 덧셈은 문제없지롱~

룰루 랄라~♪

15+23=□

처음 덧셈을 익히거나 덧셈의 계산 원리를 공부할 때 수 모형을 사용하면 도움이 돼요.

개념연결 수 모형

일 모형은 1을 나타내요.   십 모형은 10을 나타내요.

수의 크기를 나타낸 모형을 수 모형이라고 해요. 수 모형은 수의 크기에 따라 일 모형, 십 모형, 백 모형 등이 있어요. 일 모형 10개는 십 모형 1개와 같아요.

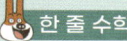 **한 줄 수학** 수 모형은 덧셈의 계산 원리를 이해하고 탐구하는 데 도움이 돼요.

7월 16일

19-3=□

수와 연산 ▸ 세 자리 수

세 자리 수의 순서

901에서 1000까지 수의 순서를 알아볼까?

901	902	903	904	905	906	907	908	909	910
911	912	913	914	915	916	917	918	919	920
921	922	923	924	925	926	927	928	929	930
931	932	933	934	935	936	937	938	939	940
941	942	943	944	945	946	947	948	949	950
951	952	953	954	955	956	957	958	959	960
961	962	963	964	965	966	967	968	969	970
971	972	973	974	975	976	977	978	979	980
981	982	983	984	985	986	987	988	989	990
991	992	993	994	995	996	997	998	999	1000

■ 에 있는 수는 → 방향으로 1씩 커지는 규칙이 있고,
■ 에 있는 수는 ↓ 방향으로 10씩 커지는 규칙이 있어요.

개념연결 | 1000까지 뛰어 세기

997-998-999-1000
1씩 뛰어 세기

970-980-990-1000
10씩 뛰어 세기

700-800-900-1000
100씩 뛰어 세기

6월 15일

3+5+7=□

수학 동화
수학과 친해지는 독서 시간

수학을 재미있는 이야기로 꾸며 놓은 것을 <u>수학 동화</u>라고 해요.
수학을 이야기로 읽으면 재미도 있고,
수학이 어떻게 사용되는지도 쉽게 알 수 있어요.
학교에서는 주로 수학 교과서의 내용을 순서대로 배우지만,
수학 동화에서는 여러 가지 수학을 다양하게 만날 수 있어요.
덕분에 수학을 좀 더 넓고 깊이 있게 이해할 수 있어요.

개념연결 | 수학 동화책 고르는 법

내가 좋아하고 재미있게 읽으면서 이해할 수 있는 내용의 책이면 충분해요. 수학 동화를 읽다가 아직 배우지 않은 내용이 나오면 그냥 넘어가도 괜찮아요. 언젠가 배우게 될 거예요.

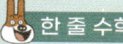 **한 줄 수학**   수학 동화를 읽는 것은 수학을 체험하는 가장 좋은 방법 중 하나예요.

7월 15일

1+2+3+4+5=□

덧셈표에서 규칙 찾기

덧셈구구표를 완성해 볼까?

덧셈구구표의 일부를 잘라 조각으로 만들었어요.
빈칸에 알맞은 수를 써넣으세요.

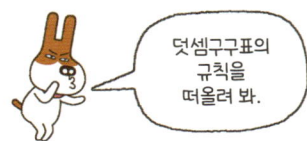

덧셈구구표의 규칙을 떠올려 봐.

6월 16일

40-24=□

수학 탐정

수를 관찰해 볼까?

1부터 30까지의 숫자를 적었어요.
그런데 마구 적다 보니 빼먹은 수도 있고 두 번 적은 수도 있어요.
빼먹은 수와 두 번 적은 수를 찾아보세요.

3 29 6 30 28
5 7
8 9 10 26 16 27
26 20 11 12 4 25
7 13
14 18 19 24 2
1
17 21 22

정답 빼먹은 수 15, 23
두 번 적은 수 7, 26

7월 14일

20-□=6

모양에서 규칙 찾기

모양에서 규칙을 찾아볼까?

여러 가지 모양을 규칙에 따라 나열했어요.
?에 들어갈 알맞은 모양을 찾아보세요.

보기

①    ②    ③    ④

정답 ③, ②

6월

17 일

20-3=□

수학 탐정

수를 관찰해 볼까?

1부터 30까지의 숫자를 적었어요.
그런데 마구 적다 보니 빼먹은 수도 있고 두 번 적은 수도 있어요.
빼먹은 수와 두 번 적은 수를 찾아보세요.

21	16	27	30	19
18	4	10	12	15
12	7	2	3	24
9	22	26	29	13
28	25	24	11	5
1	14	20	6	23

정답 빼먹은 수 8, 17
두 번 적은 수 12, 24

7월 13일

15-2=□

0보다 작은 수
0보다 작은 수도 있을까?

0은 아무것도 없음을 나타내지만, 기준이 되는 수이기도 해요.
자의 눈금에는 0보다 작은 수가 없지만,
온도계를 살펴보면 0보다 작은 수를 발견할 수 있어요.
이때 온도계에서 0은 기준이 되는 수예요.
0도를 기준으로 영상과 영하로 온도를 구분해요.

개념연결 1층보다 낮은 층

건축물에서 땅 아래에 있는 부분을 지하라고 해요. 땅 윗부분은 1층, 2층, 3층, ……, 땅 아랫부분은 지하 1층, 지하 2층, 지하 3층, ……이라고 불러요.

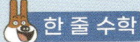 한 줄 수학   온도계, 건축물 등에서 0보다 작은 수를 찾을 수 있어요.

6월 18일

3+7+8=□

수와 연산 ▶ 덧셈과 뺄셈(2)

덧셈구구표

덧셈구구를 꼭 외워야 할까?

+	1	2	3	4	5	6	7	8	9
1	2	3	4	5	6	7	8	9	10
2	3	4	5	6	7	8	9	10	11
3	4	5	6	7	8	9	10	11	12
4	5	6	7	8	9	10	11	12	13
5	6	7	8	9	10	11	12	13	14
6	7	8	9	10	11	12	13	14	15
7	8	9	10	11	12	13	14	15	16
8	9	10	11	12	13	14	15	16	17
9	10	11	12	13	14	15	16	17	18

가로줄과 세로줄이 만나는 곳이 두 수의 합이에요.

6+9=15
9+6=15

표에 1부터 9까지의 수를 순서대로 둘씩 더하여 나타낸 것을 덧셈구구표라고 해요. 덧셈구구표에서 여러 가지 규칙을 찾을 수 있어요. 덧셈구구를 꼭 외울 필요는 없지만 덧셈구구의 원리를 알고 덧셈 연습을 자주 하다 보면 저절로 익숙해질 거예요.

개념연결 덧셈구구와 뺄셈

덧셈구구를 익히면 (몇)+(몇)=(십몇)을 잘할 수 있고, 10이 되는 두 수도 쉽게 찾을 수 있어요. 또 뺄셈을 할 때도 도움이 돼요.

한 줄 수학
5+3=?, 4+9=? 덧셈구구 맞히기 놀이를 해 보세요.

7월 12일   4 - 8 - □ - 16   수와 연산 ▶ 세 자리 수

뛰어 세기
100씩, 10씩, 1씩 뛰어 세어 볼까?

세 자리 수를 100씩, 10씩, 1씩 뛰어 센 것을 수직선에 나타내면 다음과 같아요.

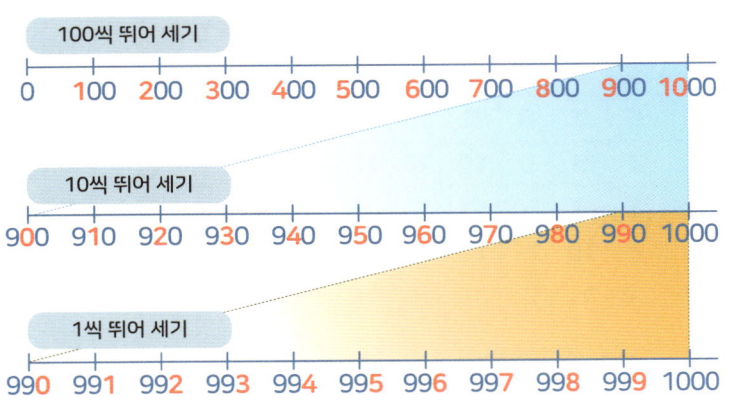

개념연결 | 거꾸로 세기

세 자리 수를 거꾸로 셀 수 있어요.
- 100씩 거꾸로 세기 → 500 - 400 - 300 - 200 ……
- 10씩 거꾸로 세기 → 500 - 490 - 480 - 470 ……
- 1씩 거꾸로 세기 → 500 - 499 - 498 - 497 ……

한 줄 수학   거꾸로 세기: 90-80-70-60 …… 과 같이 수의 순서를 반대로 하여 수를 세는 것

6월 19일

20보다 1만큼 더 작은 수: □

변화와 관계 ▶ 규칙 찾기

규칙
어떤 배열이 일정한 조건을 따르는 것

수, 모양, 기호 등이 일정한 조건에 따라 배열되어 있거나
어떤 조건을 만족할 때 <u>규칙</u>이 있다고 말해요.
어떤 배열에서 반복되는 부분은 규칙이 될 수 있어요.

3, 6, 9, 12, 15, …… → 3씩 커지는 규칙이 있어요.

1, 2, 3, 1, 2, 3, 1, 2, 3, …… → 1, 2, 3이 반복되는 규칙이 있어요.

□ △ □ △ □ △ …… → □와 △가 반복되는 규칙이 있어요.

개념연결 | 규칙 찾기

어떤 모양이나 수의 배열에서 반복되는 부분이 규칙이에요. 신호등은 초록불과 빨간불이 반복돼요. 집, 학교, 놀이터, 도서관 등 규칙은 생활 속 곳곳에서 찾을 수 있어요.

한 줄 수학 조건: 어떤 일을 만족하기 위해 갖추어야 할 것

7월 11일

15-4=□

수와 연산 ▸ 세 자리 수

세 자리 수
백의 자리, 십의 자리, 일의 자리로 이루어진 수

627처럼 백의 자리, 십의 자리, 일의 자리로 이루어진 수를 **세 자리 수**라고 해요. 세 자리 수 중 가장 작은 수는 100이고, 가장 큰 수는 999예요.

백의 자리	십의 자리	일의 자리
6	2	7

6	0	0
	2	0
		7

6은 백의 자리 숫자이고, 600을 나타내요.
2는 십의 자리 숫자이고, 20을 나타내요.
7은 일의 자리 숫자이고, 7을 나타내요.

개념연결 네 자리 수

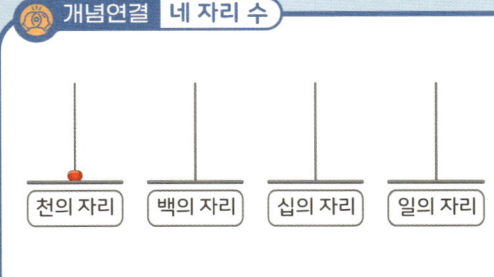

1000, 6305와 같이 천의 자리, 백의 자리, 십의 자리, 일의 자리 숫자로 이루어진 수를 네 자리 수라고 해요. 1000은 네 자리 수 중 가장 작은 수로, 천의 자리 숫자가 1이고 나머지 자리의 숫자는 모두 0이에요.

한 줄 수학 300, 700과 같은 몇백도 세 자리 수예요.

6월 20일

12+8=□

변화와 관계 ▶ 규칙 찾기

배열
수나 모양을 일정하게 늘어놓은 것

수나 모양이 일정하게 놓여 있는 것을 **배열**이라고 해요.
배열에서 규칙을 발견할 수 있어요. 생활 주변에서 수나 모양이
일정하게 반복되는 배열을 발견할 수 있어요.

→ 2-5-5가 반복되는 배열

→ ⭐과 💚이 각각 두 번씩 반복되는 배열

개념연결 수 배열

1 3 5 7 9   2씩 커지는 수 배열

2 4 2 4 2   2와 4가 반복되는 수 배열

🐰 **한 줄 수학** 100도표: 1부터 100까지의 수를 순서대로 나열한 표

가장 작은 두 자리 수: □

수와 연산 ▶ 세 자리 수

자릿값
각 자리의 숫자가 나타내는 값

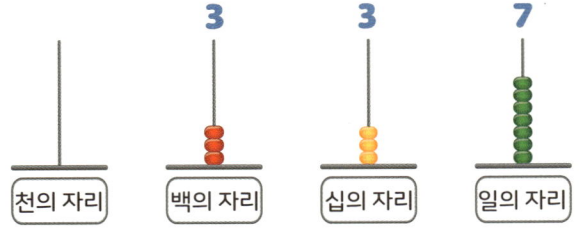

숫자가 놓인 위치에 따라 정해지는 값을 **자릿값**이라고 해요.
숫자 3이 십의 자리에 놓이면 30, 백의 자리에 놓이면 300이 돼요.
337에서 백의 자리 숫자 3은 300, 십의 자리 숫자 3은 30,
일의 자리 숫자 7은 7을 나타내요.

개념연결 105와 15

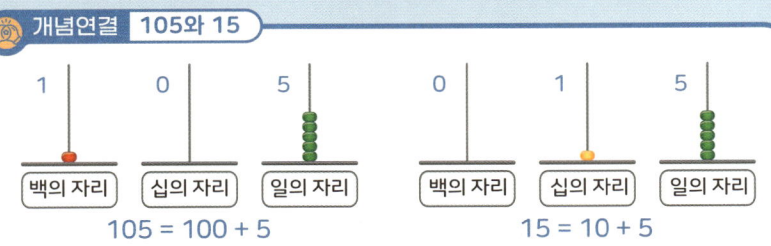

105 = 100 + 5   15 = 10 + 5

105와 15는 전혀 다른 수예요. 105는 세 자리 수이고, 15는 두 자리 수예요.
자릿값에서 빈자리는 0을 써서 나타내요.

한 줄 수학 207, 1004와 같이 비어 있는 자릿값을 나타낼 때 숫자 사이에 0을 써요.

6월 21일

7+14=□

변화와 관계 ▸ 규칙 찾기

수 배열표

표에 일정한 규칙으로 수를 늘어놓은 것

51	53	55	57	59
61	**63**	**65**	**67**	**69**
71	73	75	77	79
81	83	85	87	89
91	93	95	97	99

표에 수를 일정한 규칙으로 배열해 놓은 것을 <u>수 배열</u>표라고 해요.

▮▮▮ 에 있는 수는 → 방향으로 2씩 커지는 규칙이 있고,

에 있는 수는 ↓ 방향으로 10씩 커지는 규칙이 있어요.

개념연결 계산기와 전화기의 수 배열

전화기와 계산기는 숫자 배열이 달라요. 전화기는 상대방 전화번호를 누르기 편리하게 만들어졌어요. 한편 계산기는 자주 사용하는 숫자인 0, 1, 2, 3이 손가락으로 누르기 쉽게 배열되어 있어요.

🐰 **한 줄 수학**   달력: 한 달의 날짜를 순서대로 나열해 놓은 수 배열표

7월 9일

3+3+3=□

수와 연산 ▶ 세 자리 수

427
숫자 4가 왜 400일까?

427(사이칠)이니까
4개, 2개, 7개 합해서 총 13개 맞죠?

숫자 4, 2, 7을 써서 세 자리 수 427을 만들었어요. 427은 '사이칠'이 아니라 '사백이십칠'로 읽어요. 자릿값에 따라 숫자 4는 400, 숫자 2는 20, 숫자 7은 7을 나타내요.

개념연결 자릿값

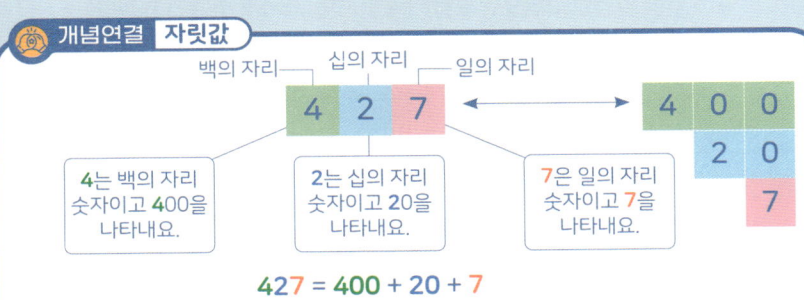

427 = 400 + 20 + 7

숫자가 놓이는 각 자리의 크기를 자릿값이라고 해요.
자릿값을 알면 각 자리에 놓인 숫자가 얼마를 나타내는지 쉽게 알 수 있어요.

한 줄 수학 자릿값: 숫자가 놓이는 각 자리의 크기

6월 22일

4+5+6+7=□

계산은 내가!
음식점에서 척척 계산하기

음식점에서 우리 가족이 먹은 음식의 가격이
모두 얼마쯤인지 어림해 볼까요?
수가 너무 커서 어림하기 어렵다고 생각할 수도 있지만,
생활에서 돈은 자주 접하기 때문에 몇천 원과 몇만 원을 더하는
덧셈은 그리 어렵지 않게 계산할 수 있어요.

음식값을 치르고 영수증을 받으면 정확한 값이 나와 있지만,
음식값을 미리 어림해 보는 계산을 하다 보면 알뜰하고
현명한 소비를 하는 데도 도움이 돼요.

한 줄 수학 식당, 마트 등 실생활에서 어림하여 대강의 수를 세거나 값을 계산할 수 있어요.

7월 8일

2+2+2+2=□

모양에서 규칙 찾기

모양에서 규칙을 찾아볼까?

여러 가지 모양을 규칙에 따라 나열했어요.
?에 들어갈 알맞은 모양을 찾아보세요.

보기

①    ②    ③    ④

6월 23일

밤 11시 = □시

수학 탐정
수를 관찰해 볼까?

여러 가지 수를 나열했어요.
딱 한 번만 쓰인 수를 모두 찾아보세요.

0	26	13	8	21
8	10	21	5	16
13	5	9	2	7
7	1	13	26	2
15	6	18	6	15
18	26	21	0	9

정답 1, 10, 16

13-6=□

원판 퍼즐
규칙을 보고 알맞은 수 찾기

원 모양의 투명 종이를 그림과 같이 겹쳤어요.
?에 들어갈 알맞은 수를 구해 보세요.

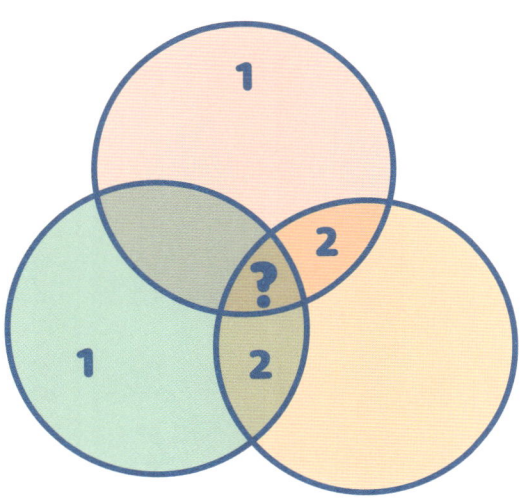

정답 3

6월 24일

33-9=□

수학 탐정
수를 관찰해 볼까?

여러 가지 수를 나열했어요.
딱 한 번만 쓰인 수를 모두 찾아보세요.

12	16	10	19	21
8	1	6	8	25
37	9	7	6	14
9	5	25	40	8
40	34	1	7	12
19	10	16	34	37

정답 5, 14, 21

7월 6일

10=4+□

편리한 기호

수학에서 기호가 사라진다면 어떻게 될까?

수학에서는 +, -, =, >, <와 같은 기호를 써서 식을 나타내요.
기호는 약속이에요. '+' 기호는 두 수를 더하라는 뜻이고,
'=' 기호는 양쪽에 있는 수가 서로 같다는 뜻이에요.
만약 수학에서 기호가 사라진다면 어떻게 식을 나타낼까요?

12-8=4 ➡ 12와 8의 차는 4입니다.
5+7>10 ➡ 5와 7의 합은 10보다 큽니다.

이처럼 숫자와 기호 없이 말로 식을 나타내면 더 길고 복잡해져요.

개념연결 | 기호가 없는 문장제

일상생활에서 수학이 쓰이는 상황을 문장으로 나타낸 수학 문제를 문장제라고 해요.
문장제는 +, - 같은 기호 없이 글로 나타낸 문제예요.

문장제 구슬을 민아는 35개, 지우는 28개 가지고 있습니다. 두 사람이 가지고 있는 구슬은 모두 몇 개인가요?

풀이 35+28=63(개)

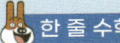 **한 줄 수학** 복잡한 문장제도 기호와 숫자를 사용하여 간단히 나타낼 수 있어요.

6월 25일

12+13=□

변화와 관계 ▶ 규칙 찾기

반복되는 규칙
반복되는 규칙은 어떤 곳에 쓰일까?

우리 생활 곳곳에는 다양한 규칙들이 있어요.
길을 건너는 횡단보도에 있는 신호등은 초록불과 빨간불이 반복되고,
시계의 시각은 1시, 2시, ……, 12시가 지나면 다시 1시부터 반복돼요.

개념연결 규칙 찾기

사람이 다니는 인도의 보도블록은 같은 모양이 일정한 규칙으로 나열되어 있고, 나무는 일정한 간격으로 심어져 있어요. 또 자동차는 빨간불에 멈추고, 초록불에 움직여요.

한 줄 수학 깜빡깜빡 신호등이 빛나는 것은 곧 신호가 바뀌니 주의하라는 뜻이에요.

7월 5일

10개씩 □묶음 → 50

수와 연산 ▸ 세 자리 수

묶어 세기

묶음으로 어떻게 수를 셀 수 있을까?

수를 세다 보면 자꾸 까먹고 헷갈릴 때가 있어요.
이럴 때는 10씩 묶어 세기를 하면 편리해요.
수를 묶는 개수에 따라 10씩 묶어 세기, 100씩 묶어 세기라고 불러요.

개념연결 수 모형

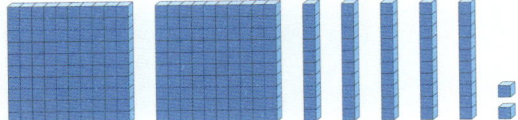

수 모형은 수를 1, 10, 100씩 묶음으로 나타낸 거예요. 수 모형에서 100이 2개, 10이 5개, 1이 2개이면 252가 돼요.

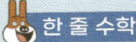 묶음: 수나 양을 몇씩 묶어 세는 단위

6월 26일

29-3=□

수와 연산 ▶ 덧셈과 뺄셈(3)

20+7=207?
두 수를 어떻게 더할까?

20은 10개씩 2묶음, 7은 낱개 7개이므로 20과 7의 합은 27이 돼요. 그런데 숫자만 보고 더하면 실수를 할 수 있어요.

덧셈 오개념

20 + 7 = 207 → 숫자만 보고 쓰는 오류
35 + 3 = 65 → 엉뚱한 수를 더하는 오류
56 + 4 = 510 → 더한 수를 그대로 쓰는 오류

개념연결 20+7의 계산

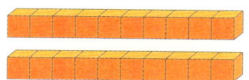

20 + 7 = 27

덧셈을 할 때 수 모형으로 수의 크기를 생각해 보고, 가로셈보다는 세로셈으로 계산하면 실수를 줄일 수 있어요.

한 줄 수학
오개념: 틀린 개념 또는 착각하여 잘못 알고 있는 개념

7월 4일

10-6=□

수와 연산 ▶ 세 자리 수

100
99보다 1만큼 더 큰 수

97 – 98 – 99 – 100

99 다음 수는 100(백)이에요.
100은 세 자리 수 중에서 가장 작은 수예요.

개념연결 | 90보다 10만큼 더 큰 수

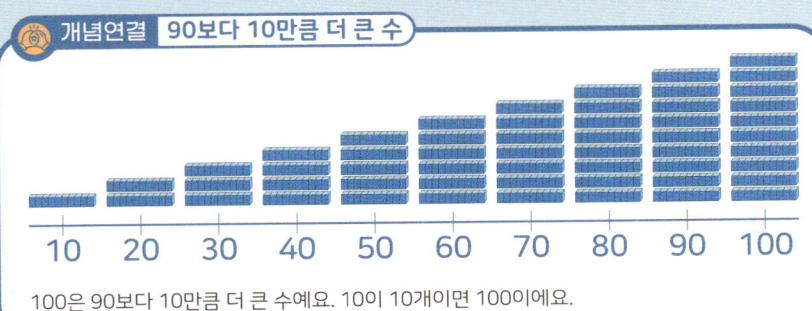

100은 90보다 10만큼 더 큰 수예요. 10이 10개이면 100이에요.

한 줄 수학 세 자리 수: 백의 자리, 십의 자리, 일의 자리로 이루어진 수

23 - 25 - □ - 29

수와 연산 ▶ 덧셈과 뺄셈(3)

32+5
(몇십몇)+(몇)은 어떻게 계산할까?

(몇십몇)+(몇)의 계산은 식을 세로셈으로 나타내어 몇은 몇끼리 계산하고,
몇십은 더하는 수가 없으므로 그대로 내려써요.

```
    3 2          3 2          3 2
+     5    ➡  +     5    ➡  + ↓ 5
─────         ─────         ─────
    3 7            7          3 7
```

(몇)+(몇)을 해서 내려써요.
2+5=7

몇십은 그대로 내려써요.

개념연결 | 수 모형으로 덧셈하기

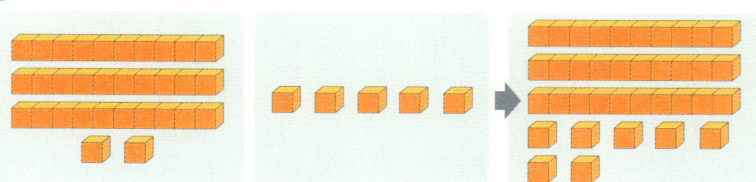

32 + 5 = 37

더하려는 두 수를 각각 십 모형과 일 모형으로 나타내어 같은 모형끼리 더해요.

🐰 한 줄 수학 | 세로셈: 세로 방향으로 식을 써서 계산하는 방법

7월 3일

1000이 □개인 수: 300

수와 연산 ▸ 덧셈과 뺄셈(3)

38-16

(몇십몇)-(몇십몇)은 어떻게 계산할까?

(몇십몇)-(몇십몇)의 계산은 식을 세로셈으로 나타내어
몇은 몇끼리 계산하고, 몇십은 몇십끼리 계산해요.
이때 몇십부터 먼저 계산해도 계산 결과는 같아요.

```
    3 9          3 9          3 9
  - 1 6   ➡   - 1 6   ➡   - 1 6
                   3          2 3
```

(몇)-(몇)을 해서 내려써요.
9-6=3

(몇십)-(몇십)을 해서 내려써요.
30-10=20

개념연결 — 가르기로 뺄셈하기

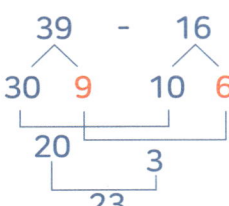

39-16을 계산할 때 가르기를 이용할 수 있어요. 39는 30과 9, 16은 10과 6으로 가르기해요. 그다음 30-10=20, 9-6=3을 계산하면 20+3=23으로 계산할 수 있어요.

한 줄 수학 덧셈이나 뺄셈에서 가르기와 모으기를 이용하면 편리해요.

6월 28일

21+7=□

수와 연산 ▶ 덧셈과 뺄셈(3)

24+13

(몇십몇)+(몇십몇)은 어떻게 계산할까?

(몇십몇)+(몇십몇)의 계산은 식을 세로셈으로 나타내어 몇은 몇끼리 계산하고, 몇십은 몇십끼리 계산해요. 이때 24+13과 13+24와 같이 두 수를 바꾸어 더해도 계산 결과는 같아요.

```
   2 4              2 4              2 4
+  1 3      ➡    +  1 3      ➡    +  1 3
─────             ─────             ─────
                      7            3 7
```

(몇)+(몇)을 해서 내려써요.
4+3=7

(몇십)+(몇십)을 해서 내려써요.
20+10=30

개념연결 | 몇십부터 덧셈하기

```
   2 4
+  1 3
─────
   3 0   ← 20+10=30
     7   ← 4+3=7
─────
   3 7
```

몇십은 몇십끼리, 몇은 몇끼리 계산하여 내려 쓰는 방법으로 덧셈을 할 수 있어요.
24+13의 계산에서 20+10=30이고, 4+3=7이므로 30+7=37이에요.

한 줄 수학 덧셈이나 뺄셈에서 몇은 몇끼리, 몇십은 몇십끼리 계산해요.

7월 2일

10-8=□

수와 연산 ▶ 덧셈과 뺄셈(3)

29-4

(몇십몇)-(몇)은 어떻게 계산할까?

받아내림이 없는 뺄셈식은 세로셈으로 나타내어 몇은 몇끼리 계산하고 몇십은 그대로 내려써요.

```
   2 9         2 9          2 9
 -   4   ➡   -   4    ➡   - ↓ 4
 ─────       ─────         ─────
                 5           2 5
```

(몇)-(몇)을 해서 내려써요.
9-4=5

몇십은 그대로 내려써요.

개념연결 수 모형으로 뺄셈하기

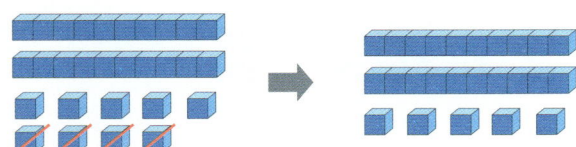

29 - 4 = 25

빼어지는 수만큼 십 모형과 일 모형을 나타내고, 빼는 수만큼 수 모형을 덜어 내요. 29-4는 수 모형으로 먼저 29를 나타낸 다음 일 모형을 4만큼 덜어 내면 25가 돼요.

한 줄 수학 수 모형: 수의 크기를 나타내는 모형으로 일 모형, 십 모형 등이 있어요.

6월 29일

17+12=□

공평하게 나누려면

컵케이크를 2명이 공평하게 나누는 방법

맛있게 구워진 컵케이크가 있어요.
2명이 공평하게 나누어 먹으려면 어떻게
해야 할까요? 수학으로 두 사람 모두
만족하게 나누는 방법은 다음과 같아요.

① 가위바위보를 해요.
② 진 사람은 컵케이크를 반으로 자르고, 이긴 사람은 두 조각 중 한 조각을 먼저 골라요.
③ 이긴 사람이 케이크를 먼저 고르게 되므로 진 사람은 정확히 반으로 자르려고 노력해요.
④ 이긴 사람이 두 조각 중 커 보이는 한 조각을 골라요.
⑤ 진 사람은 남은 조각을 가져가요.

이렇게 하면 이긴 사람은 자기가 더 큰 조각을 가졌다고 생각하고, 진 사람은 정확히 반으로 자른 컵케이크를 가졌다고 생각해요. 모두가 적어도 절반은 가졌다고 생각하니 공평하게 나누어졌어요.

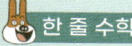 **한 줄 수학** 나누어 먹는 모든 사람이 만족하면 공평하다고 볼 수 있어요.

7월 1일

10-□=9

투명 유리
규칙을 보고 알맞은 수 찾기

투명한 유리를 그림과 같이 겹쳤어요.
?에 들어갈 알맞은 수를 구해 보세요.

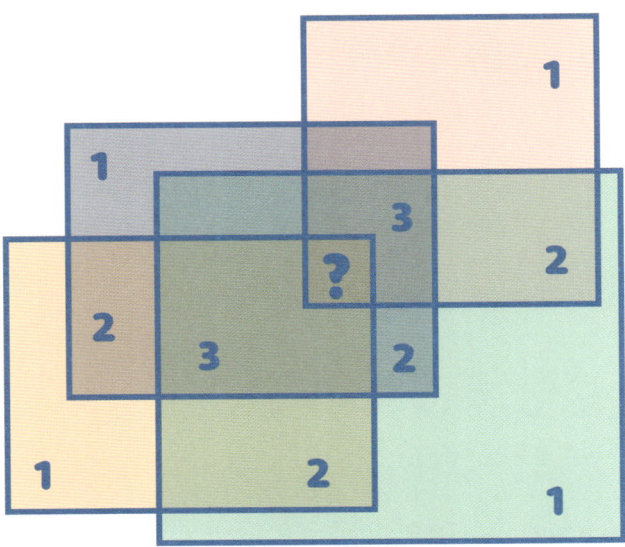

6월 30일

2+4+6+8+10=□

투명 유리
규칙을 보고 알맞은 수 찾기

투명한 유리를 그림과 같이 겹쳤어요.
?에 들어갈 알맞은 수를 구해 보세요.

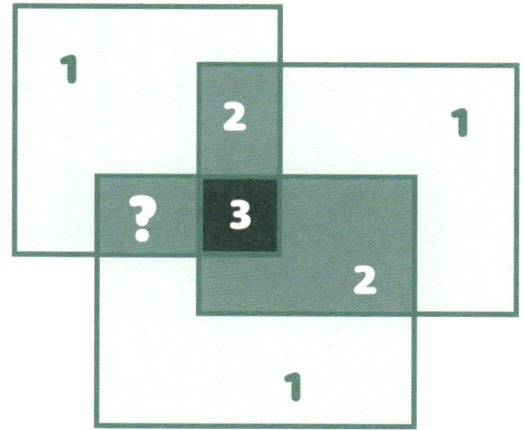

유리판 위의 숫자는 겹쳐진 유리판의 수를 의미해.

정답 2

7 월